따라야 따른다

따라야

탁월한 리더를 만드는 팔로워십의 성공 조건

따른다

followership

신인철 지음

한스미디어

CONTENTS

PART

I

리더의 역사

followership

01

한 독일인 집안 이야기

|

FOLLOWERSHIP

하늘이 내린 리더

아주 오래 전, 독일 라인 강변에 인접한 들판.

'쉿쉿쉿쉿.'

젊은 청년 몇몇이 허리까지 올라오는 풀숲을 헤치며 뛰어오는 소리가 들렸다. 선발대로 내보냈던 마을에서 발이 가장 빠른 친구들이었다.

"어떻게 됐어?"

"예. 슈타케가 말한 대로 강기슭에 사슴 수십 마리가 무리를 지어 물을 마시거나 풀을 뜯고 있어요."

"그래? 좋았어, 자 이젠 가서 살찐 놈으로 몇 마리 잡아오면 되겠군."

"슈타케. 그런데, 그게……."

"그게, 뭐?"

"사슴이 한두 마리도 아니고, 무리 바깥으로는 덩치 큰 녀석들이 지키고 있어서 자칫 잘못하다가는 그놈들의 발에 차여 죽을 수도 있고, 그렇다고 우리도 무리를 지어서 힘으로 밀어 부치다가는 낌새를 채고 녀석들이 도망갈 수도 있어서……."

함께 사냥을 나선 10여 명의 마을 청년들은 겁먹은 얼굴로, '슈타케'라고 불리는 남자의 얼굴만 빤히 쳐다보고만 있었다.

'슈타케.[1]'

이름도 없이 그저 '산꼭대기 집 큰아들', '개울가 집 막둥이' 등으로 불리던 다른 청년들과 달리, '슈타케'라는 분명한 이름으로 불리는 남자는 아무런 대꾸도 하지 않고 선발대가 '사슴 무리가 있다'고 알려 온 강기슭 방향을 바라보았다. 다른 사람보다 머리 하나 정도는 큰 키에 떡 벌어진 어깨, 쭉 뻗으면 무릎까지 닿을 듯 긴 팔과 다른 사람 허리둘레만큼 굵은 허벅지. 항상 사냥이 벌어지면 대열의 맨 앞에 선 그를 사람들은 '슈타케'라고 부르며 따랐고, 어느새 그는 사냥하는 무리를 이끄는 마을의 지도자가 되어 있었다.

---

1 Starke. '강하다', '힘세다'는 뜻의 독일어.

따라야 따른다

한참을 말 없이 강 쪽을 바라보던 슈타케는 이윽고 결심이 섰다는 듯, 짧지만 힘이 들어간 목소리로 고함을 지르더니 왼손에 짚고 있던 나무 창을 오른손으로 바꿔 들고 냅다 강을 향해 뛰어갔다. 그 모습에 힘을 얻은 사냥꾼 무리는 언제 사슴에게 뒷발로 채이는 걸 두려워했냐는 듯 슈타케의 뒤를 따라 강에서 한가로이 물을 먹고 있는 사슴 무리를 향해 달려갔다. 풀숲을 헤치며 달려가길 얼마나 했을까. 열 걸음쯤 앞에 사슴 무리가 있었다. 다른 청년들은 어린아이만 한 뿔을 머리에 달고 위풍당당하게 무리를 지키고 있던 숫사슴을 보고 멈칫했지만, 맨 앞에 달려가던 슈타케는 거침이 없었다. 수직으로 세워 들었던 창이 수평으로 눕는가 싶더니 제법 먼 거리를 날아서 우두머리로 보이는 가장 덩치가 큰 숫사슴의 목을 정확히 꿰뚫었다. 슈타케는 거기서 멈추지 않았다. 그 기세를 몰아 우두머리가 일격을 당한 뒤 우왕좌왕하고 있던 사슴 무리 중에 가장 살이 오른 사슴 한 마리마저 뒤에서 덮쳐 맨손으로 제압해 버렸다. 눈 깜짝할 사이에 일어난 일이었다.

잔 가지를 쳐낸 나뭇가지 끝에 잘 갈은 돌 조각을 대충 묶어서 만든 창으로 웬만한 어른 두 명을 합친 덩치의 사슴 목을 정확히 관통시킨 기술도 놀라웠지만, 발길질쯤은 두렵지 않다는 듯 과감하게 맨손으로 사슴을 제압하는 그 힘과 담력이 더욱 더 대단했다. 아직 사슴 무리가 있는 곳까지 채 도착하지 못했던 다른 무리는 그가 활약하는 모습을 멍하니 바라보다가 누가 먼저랄 것도 없이 환호성을 지르기 시작했다.

"만세! 슈타케 만세!"

"역시, 슈타케야. 누가 슈타케를 당할 수 있겠어?"

"그러게, 그러니까 슈타케가 우리 마을을 이끄는 것이 당연하지."

"그럼, 그럼."

두 마리의 사슴을 걸머진 청년들은 마을까지 오는 내내 슈타케의 활약상을 소리 높여 칭송하며 노래했다.

세월이 만들어 준 리더

대기근이 한창이던 1316년 8월 말, 신성로마제국에 속한 작센 공국의 영지에 있는 귀리밭.

"아, 엄청나게 퍼붓는구먼."

"그러게. 이제 좀 그칠 만도 한데, 오히려 더 쏟아지고 있으니."

"젠장, 오늘도 파종하기는 글렀네."

"내일은 좀 그칠려나? 이번 주에도 파종을 못하면 올해 농사는 물 건너가는데."

"에끼, 이 사람! 재수없는 소리 좀 그만 하게. 여름도 다 지나가고 있는데, 이젠 그치겠지."

"그놈의 '그치겠지' 소리는 또 벌써 몇 달째인가? 씨앗들이 습기

따라야 따른다

를 먹고 죄다 썩어가고 있는데."

"그러게. 어쩌면 좋지?"

한 손에는 씨앗이 들어있는 자루를, 다른 한 손에는 땅을 일구기 위한 농기구를 든 10여 명의 농부들은 그칠 생각을 하지 않는 비를 피해 가까운 나무 숲 아래 서서, 바이세엘스터² 강을 두세 개쯤은 만들고도 남을 비를 쏟아 붓고 있는 하늘만 바라보고 있었다.

"근데 아까보다 빗줄기가 좀 가늘어진 것 같지 않나?"

"그런 것 같기는 하네."

"그러면 뭐하나? 이렇게 물에 젖은 땅에 씨를 뿌렸다간 며칠 안 가서 씨앗들이 다 썩어 버릴 걸세. 게다가 다시 비라도 퍼부으면 그 빗물에 다 쓸려 내려가 버리겠지."

잦아드는 빗줄기에 잠시 반색을 하던 농부들은 다른 동료의 즉각적인 반박에 얼굴이 벌개져서 공연히 농기구로 땅을 콕콕 찌르거나 씨앗이 든 자루를 이리저리 돌리거나 하면서 딴청을 부렸다.

"우리 이렇게 아니라 어디 가서 술이나 한잔 하지. 이렇게 비를 맞고 서 있다고 해서 별 뾰족한 수가 나는 것도 아니고."

"그럴까?"

"안 되네. 오늘 파종 못하면 올 겨울 우리 식구들이 굶게 될 걸

---

2 Weiße Elster River. 체코에서 발원하여 독일 북동부 지역을 흐르는 강의 이름.

세. 게다가 세금은 무엇으로 내려고 그러는가?"

"누구는 그런 걱정이 없어서 이러는가? 하도 답답해서 그러는 것 아니겠나."

그때였다.

"잠깐!"

사내들의 뒤에서 잠자코 하늘만 바라보던 나이 지긋한 사내가 갑자기 지팡이를 하늘로 번쩍 들어 휘휘 저으며 사내들을 만류했다. 그러더니, 발 밑에 수북이 쌓여있는 도토리나무 잎 몇 개를 들어 허공으로 던지는 것이었다. 그가 던진 나뭇잎은 잠깐 허공에 머물다가 오른쪽으로 휙 날아가 버렸다.

"강 반대편이다!"

중년의 사내는 다시 하늘을 가릴 듯 빽빽이 솟아나 있는 자작나무 숲 속으로 대여섯 걸음 걸어 들어가서 땅을 조금 파더니 흙을 한 주먹 쥐어서 코끝에 대고 냄새를 맡기 시작했다. 그러길 얼마나 했을까. 그는 손을 가만히 펴서 흙을 땅바닥에 뿌렸다. 흙 역시 도토리 잎처럼 오른쪽으로 날아갔다. 그는 살며시 미소를 띤 채 낮고 조용한 목소리로 말했다.

"그래, 그렇지. 내 생각이 맞았어."

그리고는 자기들끼리 다투다 말고 그의 영문 모를 행동을 멀뚱히 바라보고 있던 사내들 앞에 서서 말했다.

"비는 곧 잦아들 거야. 이 정도 바람에 구름이 저런 모양이라면,

따라야 따른다

내 경험상 앞으로 3일간 큰비는 없을 걸세. 이 기회를 놓치면 안 돼. 얼른 파종해야 할 것이야."

그때, 동료들을 부추겨 술이나 마시러 가자고 했던 청년이 그의 말에 이의를 제기했다.

"앞으로 며칠간 비가 잦아든다 해도, 이제까지 내린 비는 어떻게 하죠? 땅이 물에 푹 잠겨 있고, 고랑엔 물이 가득하다고요."

다소 버릇없이 대꾸하는 청년을 사내는 노기 어린 눈빛으로 쏘아보았다. 그 눈빛에 청년도 '아차' 싶었는지 고개를 숙여 사죄를 하며 물러섰다. 그 이후에도 조금 더 그 청년을 노려보던 그는 다시 다른 무리를 돌아보며 이야기를 계속했다.

"그래서 아까부터 숲 속 이곳저곳을 파보고 다녔는데, 한 열 걸음만 숲 속으로 들어가면 한 뼘 정도 깊이만 파도 씨앗을 심기에 알맞은 흙을 구할 수가 있었네. 지금부터 자네들 다섯 명은 숲 속의 흙을 파서 밭에 뿌리도록 하고, 나머지 다섯은 물이 빠지기 쉽게 고랑을 긁어 내게."

그의 말에, 기세 등등하게 이의를 제기하던 청년도 동조하였고 몇 달 뒤 굶건 말건 일을 접고 술판을 벌이려던 청년들도 모두 저마다 자신에게 맡겨진 역할을 다 하기 위해 이리저리 분주하게 움직였다.

바쁘게 일하던 두 청년이 이리저리 옮겨 다니며 작업 지시를 내리고 있는 사내의 눈치를 살피며 말했다.

"그런데 말이야. 어르신은 어떻게 저런 걸 다 아실까?"

"그야 당연하지, 우리 마을을 이끄는 분이니까."

"아무리 그렇다고 해도 언제 비가 그칠 지, 파종을 어떻게 하면 될 지는 물론이고 곡물 저장법, 세금 계산하는 법까지 모르시는 게 없잖은가?"

"그러니까, 우리 마을은 물론 할리나 안할트[3] 까지도 '프란츠 슈타케' 님의 명성이 자자한 것 아니겠나."

"그렇지. 프란츠 슈타케 님이야말로 우리 마을은 물론 이 근방 지역에서 제일가는 어르신이지."

가문과 자본이 만들어 준 리더

산업혁명이 들불처럼 일어나던 1875년 12월 말[4], 독일제국 라이프치히 근교의 한 공장.

"자네들 뭐 하는 건가?"

족히 2미터는 될 것 같은 큰 키의 사내가 다가서자 시뻘겋게 달

---

3   Halle, Anhalt. 둘 다 모두 작센 공국에 있던 도시.

4   서구 산업혁명은 이미 18세기 말부터 본격적으로 시작되었지만, 독일은 이보다 조금 늦은 19세기 중반 이후에 본격적으로 시작되었다.

꺼진 용광로 주변에 삼삼오오 모여있던 인부들이 길을 트며 머리 숙여 인사했다.

"뭐 하는 거냐고 묻지 않나?"

그가 다시 한 번 채근하자 인부들 중 우두머리인 듯한 사내가 마지못해 한 발 앞으로 나서며 대답했다.

"그게 말입니다……. 저희가 벌써 두 달째 하루도 쉬지 못하고, 날마다 16시간씩 일해오고 있습니다."

그의 솔직한 대답에 용기를 얻었는지 다른 인부들도 거들고 나섰다.

"맞습니다. 심지어 저 친구는 몸살이 나서 쓰러지고서도 다음날 바로 일하러 나와야 했다고요."

"그런데도 공장장은 우리 의견을 묵살하고 계속 공장 가동률을 높이라고만 독려하니…… 계속 이렇게 살 수는 없습니다."

그러고 보니 인부들 뒤편으로 자리에 주저앉은 채 겁에 질려 있는 공장장의 모습이 보였다. 그가 소란스러운 소리를 듣고 나와보지 않으면 공장장은 성난 인부들에게 집단구타라도 당할 참이었던 듯했다. 큰 키의 사내는 못마땅하다는 듯 주변을 한 번 휘 둘러보았다. 자신들의 이야기가 받아들여지고 있다고 생각했는지 제일 처음 말을 꺼낸 인부가 다시 말했다.

"사장님. 저희는 기계가 아닙니다. 사람이라고요. 쉴 때는 쉬어야 일할 수 있습니다."

그 말에 잠자코 이야기를 듣고만 있던 큰 키의 사내가 버럭 고함을 질렀다.

"그래? 기계가 아니라서, 쉴 때는 쉬어야 일할 수 있다고? 그럼 내가 왜 쓸데없이 자네들을 고용해야 하지? 그냥 기계를 쓰면 될 것을. 미하엘!"

그가 이름을 부르자 넋 놓고 자리에 주저앉아 있던 공장장이 벌떡 일어나 두 손을 옆구리에 붙이며 큰소리로 대답했다.

"네! 사장님."

"당장 이 작자들을 모두 해고하고, 영국에서 개발되었다던 그 자동 기계를 얼마에 도입할 수 있는지 알아봐. 이제부터 우리도 자동화 공장으로 바꾼다."

"예. 알겠습니다. 사장님."

전혀 예상하지 못했던 방향으로 이야기가 흘러가자 당황한 것은 인부들이었다. 그들은 특히 처음 입을 열었던 사내를 쳐다보며 '어떻게 좀 해보라'고 재촉했다. 뭐라고 얘기해야 할지 잠시 고민하던 사내는 작심했다는 듯 사장에게 한 발 더 다가서며 말했다.

"사장님, 어떻게 그러실 수 있습니까? 아무리 사장이라 하더라도 어떻게 직원들의 얘기엔 귀를 닫고 마음대로 해고하신다고 할 수 있습니까?"

그 말이 사장의 심기를 크게 건드린 듯했다. 사장은 공장 안이 쩌렁쩌렁 울리도록 소리를 쳤다.

"왜 내 맘대로 하냐고? 왜 못해? 이 공장은 바로 나 하인리히 슈타케가 내 땅에 내 돈 들여 지은 공장이야. 그런데 왜 내 맘대로 못해? 너희는 해고야! 당장 나가!"

개인의 학습과 노력이 만든 리더

통일 이후 5년 여가 지난 1995년 6월 초, 독일 뮌헨의 한 사무실.

"자, 이상 회의 마치겠습니다. 혹시 더 말씀하실 것 있으신 분?"

10여 명이 들어와 빼곡히 앉아있던 회의실에서 업무 지시를 마친 게하르트 슈타케 팀장이 더 말할 것이 있는지 묻자마자 맨 뒤에 앉아서 연필로 책상 끄트머리를 콕콕 찧고 있던 30대 후반의 여성 팀원이 조용히 연필을 쥔 손을 번쩍 들었다.

"에바, 얘기해봐요."

에바라는 이름의 여직원은 입을 한번 삐쭉 내밀더니 슈타케 팀장이 지시한 내용에 대해서 조목조목 토를 달기 시작했다.

"그래서 팀장님께서 말씀하신 자료 중 두 번째, 일곱 번째 자료는 전혀 준비할 필요가 없는 자료 같은데요."

"여섯 번째 자료도 그냥 구두로 설명해도 되는 내용 같고요."

에바의 옆에 앉아 있던 랑스라는 남자직원도 편을 들고 나섰다. 그러자 잠자코 듣고 있던 다른 직원들도 자기들끼리 수근대기 시작했다.

"우리 팀장이 전에 어디 있었다고 했지?"

"DDR[5]에서 제일 잘나가던 국영기업."

"그래서 그런가? 왠지 좀 관료적인 냄새가 나는 것 같아."

"그러게 말이야. 필요 없는 서류 작업도 많이 시키고."

그렇게 웅성대는 팀원들을 두고 잠시 생각에 잠겼던 슈타케 팀장은 다시 입을 열었다.

"자, 자료들이 불필요해 보일지 모르지만, 필요해서 찾았는데 준비가 안 된 것보다, 준비했다가 안 쓰는 것이 낫습니다. 일단 아까 제가 업무 분장한 대로 자료를 준비하시기 바랍니다."

말을 마친 그는 급히 회의실을 나와 자신의 자리로 돌아갔다. 팀원들의 불평 섞인 수근거림을 참아낼 재간이 없었기 때문이다. 자리로 돌아와 앉은 슈타케 팀장은 크게 한숨을 토해냈다.

'휴우, 그냥 계속 라이프치히에 남아있을 걸 그랬나? 괜히 서독 기업으로 옮겨서……'

통일 전 동독 지역인 라이프치히 시에 있던 국영기업인 ARV[6]에서 일하다가 통일 후 뮌헨에 있는 기업으로 옮겨온 뒤 처음 얼마간은 이전에 비해 상상할 수 없을 정도로 높아진 급여와 자유로운 업

---

5 Deutsche Demokratische Republk의 약자로, 통일 전의 독일 민주 공화국(동독)을 말한다.
6 Automatische Roboter Verein. 자동로봇 생산조합

무 분위기 등을 만끽하며 즐거운 시간을 보냈다. 하지만 그것도 잠시였다. 그는 날이면 날마다 더 깊어지는 고민 속에 하루하루를 보내고 있는 중이었다. 그 고민의 이유는 대부분 팀원들과 관련된 일이었다.

"저기, 팀장님."

생각에 빠져있던 그를 현실로 되돌아오게 한 건 최근 대학원을 졸업하고 팀에 새롭게 합류한 신참 팀원이었다.

"아, 무슨 일이지?"

"팀장님이 시키신 자료를 만들고 있는데요. 수치 데이터 분석 방식이 조금 문제가 있는 것 같아서요."

"문제? 무슨 문제? 내가 하라는 방식으로 하지 않았나?"

"아뇨. 그 방식대로 했죠."

"근데?"

"그 방식대로 해서 문제가 생겼다고요."

"무슨 문제?"

"팀장님의 방식대로 하면 오차 신호가 허용값 7에서 0.3씩 늘어나는데요. 이렇게 하면 다른 수치도 다 조정을 해줘야 하는 결과가 발생해요."

"그거야 늘 있는 일 아닌가? 그래서 나중에 자료 작성한 사람들끼리 모여서 수치 밸런스를 맞추는 작업을 하는 거고."

"팀장님께서 예전에 하던 방식만 생각하셔서 그런데요. 요즘 저희는 아예 데이터 분석을 기획하는 단계에서부터 수치 조정이 필요 없게 해요. 자, 여기 보시는 것처럼 이렇게 하면……."

신참 팀원은 그의 앞에서 바로 데이터 자료들을 가공해 보여줬다. 과연 그의 말대로 하니 추가적인 작업이 필요하지 않은 완벽한 자료가 만들어졌다. 처음 보는 방식이었다.

"근데, 이게 검증된 방식인가? 자네는 이걸 어디서 배웠지?"

"학교에서요. 벌써 7, 8년 전부터 이 방식으로 해왔다고 하던데요?"

"그래…… 알았네. 다른 팀원들에게도 이 방법을 알려주고, 이렇게 자료를 만들도록 하지."

그 말에 신참 팀원은 자기 자리로 돌아가며 들릴 듯 말듯 혼잣말로 한마디 했다.

"다들 알고 있는 방법인데요. 팀장님만 몰랐죠."

팀원들이 만들어 준 리더

2009년 2월, 독일 연방 공화국(통일독일) 쾨니히스제의 봅슬레이 코스.

"자, 이제 자이덴슈트라센 대학팀이 마지막 시기를 남겨놓고 있습니다. 3차 시기까지 계속 1위로 앞서 나갔습니다만, 방금 끝난

따라야 따른다

4차 시기에서 퀼른 대학팀이 1분 2초의 놀라운 기록을 세우며 역전에 성공해, 현재 2위를 기록하고 있습니다. 마지막 4차 시기를 앞두고 선수들이 출발선에 섰습니다. 주장인 한스 선수가 나머지 팀원들을 모아놓고 마지막 작전 회의를 하는 것 같습니다."

"자, 다 모여봐. 지금 퀼른 팀의 4차 시기까지 최종 합계가 4분 23초야. 3차 시기까지 우리 기록 합계는 3분 21초이고. 한마디로 이번에 우리가 1분 1초 내에 들어오지 못한다면 퀼른에게 우승을 뺏기게 될 거라고."

주장 한스의 이야기에 나머지 세 팀원의 표정은 급격히 어두워졌다. 그때 뒤에 서 있던 동급생이자 브레이크 맨인 귄터가 불평을 털어놓았다.

"주장, 무슨 말인지는 알겠는데, 굳이 지금 그 얘기를 해서 어쩌겠다는 거야? 괜히 사기만 꺾어 놓았잖아!"

그 이야기에 한스는 정색을 하며 말했다.

"난, 그저 우리가 얼마나 빠른 시간 내에 저 코스를 달려야 하는지를 말했을 뿐이라고."

나머지 세 명은 한스가 가리키는 코스를 바라다보았다. 기다란 하얀 뱀이 입을 벌리고 자신들의 썰매가 어서 뛰어들어오기만 기다리는 것 같았다.

"자이덴슈트라센! 출발 안 할거야? 5초 내에 출발하지 않으면 실격이다!"

바지가 뜯어질 정도로 배가 튀어나온 판정관이 확성기에 대고 고래고래 소리를 질러댔다. 그 소리에 네 명의 자이덴슈트라센 대학 선수들은 썰매의 손잡이를 잡고 출발 준비를 했다. 이윽고 2~3미터 앞에 놓여진 신호등 모양의 출발표시등 불이 켜졌고 네 명의 선수들은 앞발에 힘을 모으고 있는 힘껏 내달리기 시작했다. 맨 먼저 주장 한스가 썰매에 올라타고 다음으로 두 번째와 세 번째 선수가 올라탄 뒤, 마지막으로 맨 뒤에서 썰매를 밀던 귄터가 올라탔다. 썰매는 이내 얼음과 눈으로 다져진 코스를 쏜살같이 내달리기 시작했다.

"아, 자이덴슈트라센 선수들 엄청난 속도로 첫 번째 코스를 통과했습니다. 출발부터 이번 대회 최고기록을 경신했습니다."

썰매는 어느새 가속도가 붙어 경주용 자동차처럼 빨라졌다. 바람에 날리는 얼음가루가 헬멧을 스쳐 쏜살같이 지나갔다.

"한스! 속도가 너무 빠른 것 같아."

맨 뒤에서 귄터가 외치는 소리가 들렸다. 아닌 게 아니라 한스도 썰매의 속도가 지나치게 빠르다고 느꼈다. 연습 때 한 번도 경험하지 못했던 속도였다.

"자이덴슈트라센 선수들 대단합니다! 다섯 번째와 여섯 번째 코스도 최고 속도로 통과했습니다. 이대로라면 쾰른 대학팀이 기록한 1분 2초는 물론, 역대 대학부 최고기록인 59초 77도 경신할 수 있을 것 같습니다. 이제 썰매는 이번 대회가 열리고 있는 이곳 알

텐베르크 경기장 최고의 난코스인 아홉 번째 커브로 들어섭니다. 아홉 번째 커브는 크리즐[7] 커브로 최고 가속도가 붙은 상태에서 코스를 빠져 나가게 됩니다."

썰매는 쏜살같이 아홉 번째 커브로 돌진했다.

"한스! 속도 줄여! 이러다 썰매가 뒤집히겠어!"

가장 뒤에 앉은 귄터가 소리쳤다.

"그래요. 선배! 지금까지 기록만 해도 우승이라고요!"

"주장! 주장!"

그 사이에 앉은 후배들도 고래고래 소리치기 시작했다.

그러나 조종간을 잡은 한스의 귀에는 그런 소리가 하나도 들어오지 않았다. 우승 가능한 기록인 1분 1초대를 뛰어넘어 대학부 최고인 59초 77이라는 기록을 세우고, '독일 대학 최고 유망주'라는 언론의 주목을 받을 생각만 머릿속에 가득할 뿐이었다.

"자이덴슈트라센 팀 드디어 아홉 번째 커브로 들어섭니다. 아, 속도가 너무 빠른 거 아닌가요?"

그때였다.

"앗!"

"아……."

---

7 Kreisel. P자 모양의 270도 회전 코스로 전체 봅슬레이 코스 중 중력과 가속도가 최고로 붙은 상태로 주행하게 된다.

비명이나 탄식을 내뱉을 새도 없이, 썰매가 몇 번 덜컹거린다 싶더니 이내 양쪽 벽에 세차게 부딪히고는 그대로 뒤집혀 버렸다.

　"아! 어떻게 된 건가요? 자이덴슈트라센 팀 썰매가 뒤집힌 것 같습니다. 큰 부상이 아니어야 하는데요."

　뒤집혔지만 가속도가 붙은 썰매는 멈춰서지 않고 계속 미끄러져 갔다. 그렇게 백여 미터를 미끄러져 가던 썰매가 멈춰 서자 정신을 차린 선수들이 한 명씩 뒤집힌 썰매 밖으로 걸어 나왔다. 먼저 브레이크 맨 귄터가 일어섰고, 두 명의 후배 선수가 뒤이어 일어섰다. 가장 큰 충격을 받은 한스는 그대로 썰매 안에 남아 있었다. 정신을 차리려 머리를 몇 번 흔들고 눈을 떠보니 저 멀리서 경기장 안전요원들이 달려오는 것이 보였다. 다시 반대로 고개를 돌리니 귄터와 두 후배의 모습이 보였다. 그러나 그들은 아직 빠져 나오지 못하고 있는 한스에게 '정신차리고 일어서라'는 말을 하지도, '잡고 일어서라'며 손을 내밀지도 않았다. 오히려 냉랭한 표정으로 아직도 몸을 가누지 못하고 있는 한스를 쳐다 보고만 있었다. 아니 노려보고 있었다.

　"네 욕심에 2년간 쏟아 부은 우리 노력이 다 날아갔어."

　"주장은 팀보다는 자신만 아는 사람이에요!"

　"다 지긋지긋해요. 난 이제 주장의 말 한마디에 이리저리 휘둘리는 거 그만둘래요. 차라리 혼자 하는 루지나 스켈리톤[8]으로 종목을 바꾸겠어요."

　　　　　　　　　　　　　　　　　　따라야 따른다

아직도 썰매 안에 그대로 쓰러져 있던 한스는 있는 힘을 다해 소리쳐 그들을 만류했지만, 그들은 들은 척도 하지 않았다. 이미 그들은 코스 밖으로 벗어나서 경기장 밖을 향해 가고 있었다.

"이봐 귄터! 얘들아! 내 말 좀 들어봐!"

답답한 마음에 손으로 썰매 안쪽을 있는 힘껏 내려쳤지만, 등을 돌려 경기장 밖으로 나가는 동료들은 뒤도 돌아보지 않았다.

"얘들아! 가지 마. 다시 시작하자! 얘들아."

한스는 온몸으로 몸부림치며 고함을 쳤지만, 귄터와 두 명의 후배는 이제 모습조차 보이지 않았다. 몸부림치던 한스는 지쳐서 그대로 쓰러져 있었다. 이제 경기장은 적막에 빠져 조용하기만 했다. 그때 한동안 조용하던 장내 아나운서의 목소리가 들렸다.

"한스 슈타케 주장의 욕심에 자이덴슈트라센 팀이 산산조각 나고 말았습니다."

---

8 Luge, Skeleton. 얼음으로 된 코스를 1인용 썰매를 타고 달려 코스를 완주한 시간으로 순위를 정하는 동계스포츠 종목. 루지는 다리가 앞을 향하도록 타고, 스켈레톤은 머리가 앞을 향하도록 탄다.

리더들의 모습이 세대를 거듭하며
변해 온 이유는 무엇일까?
그것은 그들이 살아온 세상이 변했기 때문이다.
그중에서도 특히 우리가
그들에게 바라던 리더로서의 모습과 역할,
즉 '리더십'이 변했기 때문이다.

같은 집안, 다른 리더

게하르트 슈타케(1960~)가 뮌헨으로 이주하기 전까지 라이프치히 근교 도시인 할레Halle에 살았던 슈타케 집안은 신성로마제국 시절 작센공국에 살았던 프란츠 슈타케(1261~1333)로부터 시작되었다. 슈타케 가문의 시조인 프란츠는 태어날 때부터 다른 아이들보다 주먹 하나는 큰 키에 힘 또한 장사였다고 한다. 하지만, 평범한 농부의 자식이었기에 그 또한 마을을 둘러싸고 있는 귀리 밭에서 조용히 농사를 지어 먹고사는 수밖에 없었다. 그러다, 나이가 들자 마을사람들은 그를 마을의 대표자로 추대하였다. 여기까지는 당시를 살았던 여느 농부들과 다를 바 없는 평범한 삶이었다. 그랬던 그의 삶이 달라지기 시작한 것은 1315년 장마 이후 몇 년간 독일을 비롯한 북중부 유럽을 강타한 대기근 때였다고 한다. 남다른 기억력과 이해력 덕분에 지난 수십 년간 농사 짓는 동안의 날씨 변화를 잊지 않고 있던 그는 자신의 풍부한 경험을 바탕으로 계절에 맞지 않게 변화무쌍한 모습을 보이던 날씨를 예측하여 파종 시기를 변경한다거나, 바람의 방향을 고려해 낟알의 보관 장소를 달리하도록 하는 등 남다른 '리더십'을 발휘했다. 그 결과 굶어 죽는 사람이 사흘에 서너 명씩 나오던 대기근의 시기에 그의 마을에서는 굶어 죽은 사람이 단 한 명도 나오지 않았다. 결국, 탁월한 리더로 인정받은 그의 명성은 인근 마을은 물론 사실상 영주를 대리하여 공국을 다스리던 주교의 귀에까지 들어가게 되었고, 마침내 주교의 부름으로 세금으로 거둔 곡식의 관리와 운영을 총괄하는 '출납관' 의 지위까지 오르게 되었다.

그리고 그가 쓰던 '슈타케' 라는 성은 정식 성으로 인정을 받아 하나의 가문을 이룰 수 있게 되었고, 바로 그 프란츠 슈타케로부터 '슈타케 가문' 이 시작되었다. 후손들을 포함한 할레 지역의 마을 주민들은 그런 그를 일컬어 '위대한 프란츠' 라는 뜻의 'Große Franz' 라고 불렀다. 슈타케 가문은 2차 대전 이후 동서독 분리 이전까지 할레와 라이프치히 근방에서 유력한 가문으로 번창할 수 있었다.

그런데 프란츠는 자신의 성이었던 '슈타케' 가 언제부터 자기 가문의 성으로 쓰였는지 모르고 있었다. 다만 그는 할머니로부터 자신들의 조상들이 아주 오래 전부터 그 지역에서 살아왔으며 다른 사람들보다 큰 덩치와 힘을 물려받아 '슈타케' 라 불리며 대대로 우두머리로 군림했다는 이야기를 전해 들었을 뿐이었다. 그 이야기를 들은 이후 그는 자신을 '프란츠 슈타케' 라고 일컬었으며, 마을 사람들도 그를 성이 없는 자신들과는 다른 사람으로 인정하고 그렇게 불러 주었던 것이다. 그렇게 프란츠 할머니의 '이야기' 는 공식적인 '역사' 가 되었다.

정확한 기록이 없어 할머니의 이야기에 계속 의존하자면, 멀고 먼 옛날의 조상 슈타케는 태어날 때부터 또래보다 특출났다고 한

30

다. 남보다 키가 훨씬 큰 거구를 자랑했으며 목소리가 얼마나 우렁 찼는지 한번 울기 시작하면 저 멀리 들판에서 지저귀던 새들조차 잠잠해질 정도였다고 한다. 그러다 보니, 대여섯 살이 갓 넘자마자 청년들의 사냥을 따라 나섰고, 열 살 때 홀로 작은 들개를 잡아 왔으며, 열다섯 살을 넘을 무렵에는 이미 제일 앞에서 사냥을 이끌고 있었다. 그의 사냥술은 탁월했다. 다른 사람보다 훨씬 빨리 달렸고 긴 팔로 훨씬 더 멀고 강하게 돌팔매질을 할 수 있었다. 게다가 웬만한 작은 물소쯤은 두 팔로 감아서 쓰러뜨려 버릴 수 있을 정도로 힘도 셌다. 사냥을 시작하면 두려움 없이 가장 선두로 달려나가서 짐승 무리 중 가장 강한 수컷을 단박에 제압해 버리는 그의 힘과 담력 앞에 마을의 사냥꾼들은 고개를 숙일 수밖에 없었다.

그들에게 리더는 곧 사냥을 제일 잘 하는 가장 강한 사내를 의미했다. 그런 능력은 일부분 후천적으로 기를 수 있었지만, 대부분은 타고난 것이었다. 따라서 그들이 생각하는 리더의 능력은 하늘로부터 타고난 것이었다. 그렇기에 한 번 믿고 리더로 세운 이상 절대로 의심하거나 다시 증명하라고 도전할 수 있는 것이 아니었다. 그렇게 그는 '인간 슈타케'에서 '신과 가장 가까운 슈타케'가 되었다.

반면, '위대한 프란츠'로부터 정식으로 시작된 슈타케 가문의 19대손이었던 하인리히 슈타케(1827~1890) 역시 힘도 세고 덩치도 컸지만, 그보다는 여러 후손들 중 머리가 비상하기로 유명했다. 정식으로 학교를 다니지는 않았지만, 프랑스나 이탈리아의 유명 대학에 유학을 다녀 온 사촌들을 만나도 항상 그가 대화를 주도했고, 논쟁에서도 한 번도 진 적이 없었다.

결국, 집안 어른들은 회의를 통해 가문의 공동 재산 운영을 그에게 맡기기로 하였다. 슈타케 가문 소유의 토지와 유럽 여러 은행에 분산 예치된 자금의 운영 책임을 맡게 된 하인리히는 먼저 농장 위주의 재산을 처분하여 산업화, 공업화의 바람이 한참 불기 시작하던 라이프치히 근교에 땅을 사고 공장을 지었다. 비용이나 인력대비 성과물의 효율이 떨어지는 농업보다는 영국에서 시작되어 독일 제국 전역에 걸쳐 한창 바람 불기 시작한 공업에 투자하는 것이 훨씬 이득이 크리라는 판단에서였다. 그의 판단은 적중했다. 1850년대가 지나면서부터 어느 정도 분위기가 무르익더니 1870년대가 되자 독일은 산업혁명의 중심지가 되어 있었다. 특히나, 섬유산업 등 경공업 위주로 시작한 영국과 달리 조금 늦게 시작했지만, 제철, 기계공업 등 중공업과 기술집약적 고부가가치 산업 위주로 진행된 독일의 산업혁명은 그 발전 속도가 무시무시하게 빨랐다.

하인리히 슈타케는 삽시간에 라이프치히 인근 도시에서 가장 큰 제철소를 운영하는 '철강왕'이 되었다. 그의 조상인 '위대한 프란츠' 밑에서 일했던 농부들과 달리 서로 다른 지역 출신에, 배움의 깊이도 서로 다른 노동자들을 다스린다는 것이 쉽지는 않았지만, 아직 봉건시대의 계급 구조가 익숙한 이들이 대부분이어서 사장은 곧 영주였고, 그의 말은 거역할 수 없는 지상 명령이었다. 게다가 가장 중요한 것은 산업혁명을 가능하게 했던 수많은 요소 중 가장 풍부하고, 값싸면서도 신속하게 대체할 수 있는 것이 '인력'이라서 그를 다루는 것은 그렇게 어려운 일이 아니었다.

'우두머리', '어르신', '주인어른' 등으로 불리던 슈타케 가문이 가장 극적으로 변한 것은 하인리히로부터 다섯 대가 내려온 후손인 게하르트 슈타케 때였다. 수천 년의 시간차를 두고 있었지만, 이전 조상들이 아랫사람이나 부하들을 이끌 수 있었던 원동력은 크게 차이가 없었다. '체력과 체격의 차이에 의한 위압감', '경험과 경륜', '토지와 자본' 등 내용은 달라 보이지만, 어찌되었던 '자신들이 가지지 못한 것을 가진 자에 대한 존중'이 바로 그것이었다. 하지만 게하르트는 전혀 다른 상황에 맞닥뜨리고 있었다.

게하르트 슈타케는 그의 아버지 요한이 조상으로부터 물려받은 막대한 부를 공산주의 치하 동독 정부에게 환수 당한 뒤 태어난 첫 번째 자손이었다. 비록 철강 공장과 탄광 등 가문 대대로 물려받은 재물은 다 뺏겼지만, 교육과 자기 성찰을 중시하는 훌륭한 가풍 덕분에 동독에서 가장 크고 명성이 높았던 라이프치히 대학에 입학하여 석사과정까지 마칠 수 있었다. 이후, 국가가 운영하는 자동화 로봇기기 전문기업이던 ARV에 취직하여 그 안에서 승승장구할 수 있었다. 그런 게하르트에게 닥친 극적인 변화는 1990년 동·서독이 통일된 뒤 지금 몸담고 있는 서독의 회사로 옮기면서부터 시작되었다. 그가 뮌헨으로 직장을 옮겨서 데리고 일하게 된 부하 직원들은 '상사와 내가 다르다는 것', '상사는 갖고 있고(경험, 경륜, 직위, 책임과 권한 등) 자신은 갖고 있지 못한 것'에 대한 존중이나 경외심이 거의 없었다. 아니, 아예 윗사람이니 아랫사람이니 하는 상하 구분 자체에 대한 개념이 없었다.

그렇다 보니 그가 다른 팀원이나 부하 직원들을 이끌기 위해서는 끊임없이 그 자신이 '리더'임을 입증해야 했고, 사사건건 리더로서의 능력을 보여줘야만 했다. 그것은 윗사람에게나 아랫사람에게나 마찬가지였다. 그를 고용한 경영자—그의 조상 하인리히 슈타케처럼 토지와 자본, 그리고 그것들을 조합할 수 있는 능력을 가진—는 게하르트를 계속 고용할 것인가 그렇지 않을 것인가를 판단하기 위해 그가 아랫사람들을 조직에 얼마나 헌신적으로 기여시킬 수 있는지를 주요한 근거로 삼았고, 아랫사람들은 그가 자신들보다 얼마나 뛰어난 지, 그렇지 못하다면 최소한 자신들이 갖고 있는 것을 다른 외부의 영향으로부터 지켜주고 하고 싶은 것을 할 수 있도록 자원을 모아줄 수 있는지를 끊임없이 시험했다. 특히 이전과 달리 학습된, 혹은 학습하고 있는 노동자인 부하 직원들은 게하르트가 알고 있던 이전 동독 기업의 부하 직원들과는 판이하게 달랐다. 그는 최근 들어 (공식적으로 인정받진 못했지만 엄연히 존재하던) 당성黨性에 따른 계급으로 위 아래가 명확히 구분되던 동독 시절이 조금은 그립다는 생각을 하고 있었다.

따라야 따른다

마지막으로 게하르트 슈타케의 두 아들 중 한 명인 한스 슈타케 (1990~)는 지역 유소년팀 출신의 촉망 받는 봅슬레이 선수였다. 동독 봅슬레이 주니어 국가대표팀 선수를 지냈던 아버지 게하르트와 역시 동독 여자 알파인 스키 대표선수 출신인 엄마의 피를 이어받아서인지 한스는 봅슬레이를 처음 시작하자마자 또래들과는 차원이 다른 실력을 보이기 시작했다. 어릴 때부터 조금 싹수가 있다 싶으면 국가에서 관리하는 유소년 팀에서 치밀하게 육성하는 동독과 달리 어린 시절에는 공부와 병행하는 취미 수준의 스포츠를 권장하는 통일 독일 특히, 구 서독 지역인 뮌헨의 특성상 그는 봅슬레이에 전념하지는 못했다. 하지만 개인적인 실력만큼은 독일 내 유명 대학에서 모두 탐낼 정도로 탁월했다. 게다가 통일 이전 동독군 특수부대 대위 출신이던 외삼촌과 잘 어울리곤 해서 그런지 몰라도 또래들에 비해 리더십이랄까 결단력이랄까 아무튼 팀 단위 활동을 해야 하는 봅슬레이 선수로서는 최고의 인재라는 평가를 받았었다.

　하지만 다른 동료 선수들의 생각은 달랐다. 그들에게 봅슬레이는 그저 봅슬레이일 뿐 학생 시절에 한번 거쳐가는 여러 스포츠 종목 중 하나였다. 열심히 잘해서 좋은 성적을 거두면 좋겠지만, 그렇지 못한다고 해서 대단한 일이 일어나는 것은 아니었다. 그렇다 보니 그가 속한 대학 팀의 성적은 늘 하위권이었고, 얼마 전 경기에서 조금 욕심을 낸다는 것이 썰매의 전복사고로 이어지는 바람에 그의 팀은 산산이 조각나버리고 말았다.

사냥꾼 슈타케, 프란츠 슈타케, 하인리히 슈타케, 게하르트 슈타케, 한스 슈타케.

이렇게 한 가문 출신 다섯 명의 독일인 리더의 이야기를 통해, 시대에 따라 변화하는 리더의 모습을 간단하게 살펴보았다.

그렇다면 리더의 모습이 이렇게 세대를 거듭하며 변해 온 이유는 무엇일까?

그것은 그들이 살아온 세상이 변했기 때문이다. 그중에서도 특히 우리가 그들에게 바랐던 리더로서의 모습과 역할, 즉 '리더십'이 변했기 때문이다.

그렇다면 리더십은 어떻게 변했을까?

그 전에 시선을 우리가 살고 있는 대한민국의 현재로 돌려 슈타케 집안 출신의 리더들이 경험한 리더십의 변화와 어떤 유사점과 차이점이 있는지에 대해 먼저 살펴보자.

따라야 따른다

02

리더십의 위기

|

리더십이 범람하는 시대

Case 1.

몇 해 전, 국내 모 그룹에서 계열사의 신입사원 채용제도 및 서류, 면접 전형 시스템에 대한 대대적인 개편작업을 추진한 적이 있다. 그 작업의 일환으로 계열사의 채용 부서장을 모아놓고 신입사원에게 필요한 능력을 키워드로 추출하였다. 그와 동시에 지난 1년간 그곳에 응시했던 대졸 취업 희망자가 작성한 이력서 중 가장 잘 작성된 것으로 평가 받은 것과 최종 합격한 2천여 명의 이력서에서 취업 희망자가 본인의 장점으로 내세운 항목들을 키워드로 추출하는 작업을 진행하였다.

그리하여 채용 부서장들로부터 64개의 키워드를, 취업 희망자로부터 137개의 키워드를 최종적으로 뽑았다.

두 부류가 공통적으로 꼽은 신입사원에게 필요한 능력 혹은 취업 희망자 본인이 내세운 능력은 누구나 익히 예상할 수 있듯 '성실', '열정', '책임감', '창의력' 등이었다. 하지만 그런 것들을 모두 합친 것보다 더 압도적으로 많이 나온 키워드는 이 글을 읽고 있는 대부분의 사람들이 예상했을 '리더십'이라는 단어였다.

Case 2.

교사를 하는 가까운 친구의 부탁으로 몇 년 전, 친구가 근무하는 학교의 총학생회장 선거에 선거관리위원으로 자원봉사 아닌 자원봉사를 했던 적이 있다. 투표 당일 선거운동을 하지 못하게 되어있는 일반 선거와는 달리 학생들의 선거는 각 정당의 전당대회와 같은 방식으로 치러졌다. 후보들은 투표일 당일 교실마다 설치된 TV를 통해 정견 발표를 하고, 학생들은 교실에서 교사와 학부모, 또는 나와 같은 자원봉사 선거관리위원들이 지켜보는 가운데 투표하는 형태로 진행되었다.

자연스럽게 나도 친구가 담임을 맡고 있는 반의 교실에서 아이들과 함께 방송으로 정견 발표를 듣게 되었다. 그런데 초등학교 학생회장 후보자들이 웬만한 기성 정치인보다 훨씬 논리적이고 호소력 있는 표현법으로 자신이 왜 학생회장이 되어야만 하는지를 유권자인 학생들에게 조리 있게 전달하는 것을 보고 놀랐다.

"여기 썩은 귤 하나가 있습니다. 그 귤을 '더럽다'며 그냥 버리는 리더와 '나는 안 먹으니 너 먹어'라며 남에게 떠넘기는 리더가 있습니다. 하지만 저는 그 귤을 다른 사람이 혹시라도 잘못해서 먹지 않도록 제 입에 넣어버리겠습니다."

이처럼 '자기 헌신형' 리더십을 표방하는 후보도 있었고,

"우리 학교 맞은편 아파트 단지 내에 있는 ㅁㅁ초등학교만 해도 농구대가 6개인데, 아직 우리는 2개밖에 안 되어서 점심시간이면 늘 자리다툼을 하곤 합니다. 제가 회장이 되면 리더십을 발휘해서 교장 선생님께 꼭 건의해 농구 골대를 6개 더 늘리겠습니다."

'지역 개발 주도형' 리더십을 내세우는 후보도 있었다.

"이제까지 여러분은 학원이다, 과외다 얼마나 힘들고 피곤했습니까? 이제 저를 회장으로 뽑아주시면, 학교 수업을 마친 뒤 반 대항 축구시합을 정기적으로 개최하여 도저히 학원에 갈 수 없도록 만들어 드리겠습니다. 또, 저희 아버지가 방송국 PD신데, 우리 학교 행사에 가수랑 탤런트 형, 누나들을 데려오도록 하겠습니다!"

허황된 공약空約을 남발하는 '기성정치가 모방형' 리더십 스타일의 후보까지, 참으로 다양한 스타일의 정견 발표를 들을 수 있었다. 여기서도 마찬가지로 공통적으로 여러 차례 언급된 단어는 바로 '리더' 혹은 '리더십'이라는 단어였다.

Case 3.

세종로에 본사를 둔 한 외국계 금융기업의 한국 지사 사무실.

지사장이 집무를 보던 사장실에 놓여진 소파에 네 사람이 두 명씩 나눠 앉아 서로를 노려보고 있었다.

가운데 탁자를 기준으로 좌측은 기존에 회사 운영을 맡았던 지사장과 그의 오른팔 격이었던 경영지원본부장, 그리고 우측은 새롭게 영국 본사에서 발령을 받은 신임 지사장과 앞으로 그의 밑에서 일할 신임 CFO(최고 재무 책임자)였다. 새로운 지사장 발령 명령에 경영지원본부를 해체하고 그 업무를 CFO에서 총괄한다고 되어 있었으니, 말하자면 2명의 '물러나야 할 자'와 2명의 '밀어내야 할 자' 간의 만남인 셈이라 분위기나 서로간의 대화가 곱게 흘러 갈 리 없었다. 양 진영을 서로 소개해 주고 원활하게 인수인계될 수 있도록 영국 본사에서 함께 한국을 방문한 본사 CHO(최고 인사 책임자)는 아까부터 허튼 농담을 하며 전전긍긍하고 있었다. 처음 서로 인사를 나눈 뒤로부터 20여 분의 시간이 지나고서야 비로소 물러나야 할 전임 지사장이 CHO에게 물었다.

"제가 지사를 맡은 2년 반 동안, 전 세계적인 금융위기 속에서 다른 국가의 지사들이 픽픽 쓰러져갈 때, 우리 한국 지사만큼은 연평균 19%가 넘는 고속 성장을 해왔습니다. 전 그래서 내심 CHO께서 인사 문제로 한국에 오신다고 했을 때, 승진 또는 본사 근무를 제안하기 위해 오시는 거라고 생각했었습니다. 우리 지사의 다른

40   따라야 따른다

직원들도 마찬가지였을 거구요. 그런데 갑작스럽게 자리를 물려주고 퇴임하라니요? 도대체 이유가 뭡니까?"

퇴임 통보를 받은 전임 지사장의 노기 어린 질문에 CHO는 손수건으로 연신 콧등의 땀을 닦아내며 말했다.

"물론, 지난 기간 한국에서 지사장을 하며, 그리고 그 이전에 아시아-오세아니아 본부의 사업기획팀장으로 처음 지사를 개설하며 보여준 성과와 업무에 대한 열정은 본사에서도 무척 높이 사고 있어요."

"그런데 왜?"

"리더십. 이제까지의 한국 지사에는 전임 지사장님과 같은 리더십이 필요했지만, 이제 어느 정도 우리 사업도 안정이 되고, 앞으로 더 많은 분야에서 새로운 일들을 창의적으로 펼쳐나가기 위해서는 지금 같은 리더십이 조금은 맞지 않다고 판단했어요."

"아니, 제 리더십이 뭐가 어떻다고……."

전임 지사장은 버럭 화를 내며 옆에 앉아있던 '함께 물러나야 할' 경영지원본부장을 쳐다보았다. 그런데 경영지원본부장의 표정이 조금은 미묘했다. 방금 전까지 전적으로 전임 지사장과 운명을 함께하겠다는 결연한 표정이었는데, 지금 그의 표정은 달라져 있었다. CHO의 말에 수긍한다는 분위기까지 조금 풍기고 있었다. 조금 전까지 기세등등하던 전임 지사장은 그 표정을 바라보며 몇 년간 자신이 부하 직원들에게 어떤 리더였고, 어떤 리더십을 발휘해 왔는지를 생각해 보았다. 뚜렷하게 떠오르는 것이 없었다. 잘한 점도, 못한 점도. 아니, 내 자신이 진짜 리더였는지, 리더십을 발휘한 적이 있었는지조차 잘 생각나지 않았다.

아무튼 본사에서는 자신의 결격 사유로 '리더십'을 문제 삼고 있음을 알게 되었다. 실적이나 다른 성과를 문제 삼으면 그에 대한 반박이라도 할 수 있을 텐데, '리더십의 문제'는 손에 잡히거나 뚜렷하게 보이는 것이 아니라서 그렇다고 수긍할 수도, 뭐라 반박할 수도 없었다.

'내 리더십이 뭐가 어떻다고…….'

그렇게 똑같은 푸념만 되풀이할 뿐이었다.

리더의 범람이 리더십의 범람으로

현대를 사는 우리들은 과히 '리더'와 '리더십'이 범람하는 시대에 살고 있는 듯하다.

여기에도 리더십, 저기에도 리더십이다.

앞서 든 예처럼 초등학교 학생회장이나 반장 선거를 가도 열 한두 살 먹은 어린아이의 입에서 '최고의 리더', '솔선수범의 리더십' 이야기가 스스럼 없이 튀어나온다. 중·고등학교 선거는 더 말할 것도 없다. 그런 실정이니 사회에 첫발을 내딛으며 자신을 세상

따라야 따른다

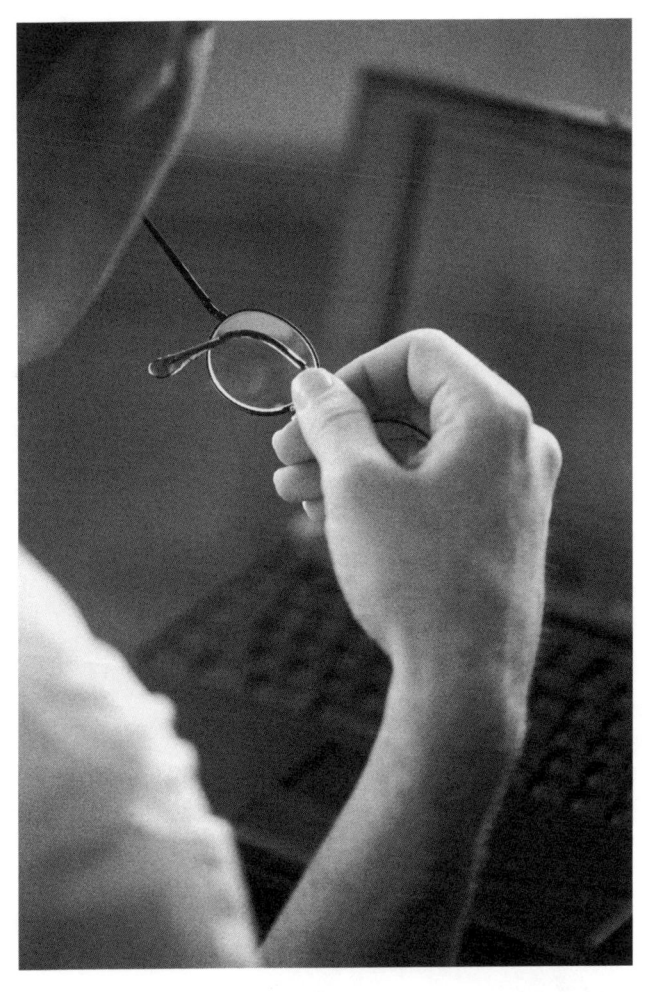

결코 흔들릴 것 같지 않던
리더와 리더십의 중요성에 대한
절대적인 믿음이 최근 들어 흔들리고 있다.
리더 혹은 리더십에 대해 구성원들이 느끼는
존재감 자체가 빠른 속도로 힘을 잃고 있다.

에 소개하는 이력서에도 탁월한 리더십을 보유했음다는 것을 입증할 만한 것들로 채워 넣기에 여념이 없다.

예전에 인사 부서에서 채용 업무를 담당했을 때 세 가지 크게 느꼈던 것이, '대한민국에 대학이 참 많다'는 것과 '그 대학 안에 동아리가 참 많다'는 것, 마지막으로 '그런 동아리에서는 일년에도 수십 명씩 회장을 배출하는 것이 틀림없다'는 것이었다. 그도 그럴 것이 거의 모든 입사 지원자들의 이력서마다 '무슨 무슨 동아리의 몇 대 회장을 역임했다'는 사실이 빠짐 없이 들어 있었기 때문이다. 소규모 그룹이지만 동아리라는 모임의 리더가 되어 직접 운영해 봄으로써 회사에서 원하는 수준의 리더십이나 리더로서의 경험을 가지고 있다는 것을 증명해 보이겠다는 의도에서였으리라.

직장생활뿐만 아니라 사회생활에서도 '리더십'은 여기저기에서 등장한다.

어느 정도 중간관리자가 되면 회사에서 그의 능력을 측정하는 척도로 그가 거둔 가시적이고 수치로 기록될 수 있는 성과와 더불어 그가 보유했거나 이후 활용할 수 있는 리더십의 수준을 평가하게 된다. 평가 결과 리더십이 탁월한 사람은 발탁하고, 부족한 사람은 리더십을 보완할 수 있는 몇 번의 기회(단 한 번일 수도 있고, 아예 기회를 주지 않는 경우도 빈번하다)를 준다. 리더십에 긍정적인 변화를 가져올 수 있을만한 멘토링이나 코칭 교육을 시켜 개선이 되면 다시 중용하지만, 별다른 변화가 없으면 결국 도태시키고 만다.

따라야 따른다

말 그대로 '단지 리더십' 때문에.

그렇다면 과거에도 이렇게 '리더십'에 대해 지대한 관심을 기울였을까?

꼭 그렇지만은 않았던 것 같다.

앞서 언급했던 독일인 '슈타케' 집안의 사례에서 보듯이 역사 이전의 시대 혹은 역사가 시작된 지 얼마 되지 않았던 때는 사람이 아닌 하늘이 리더를 만들어 주던 시대였다. 수렵을 해서 먹고살던 시기에 리더의 조건이었던 건장한 체격, 남보다 센 힘, 재빠름, 그를 바탕으로 한 담대함 등은 인간이 노력을 한다고 해서 쉽게 얻거나 키울 수 없는, 하늘로부터 부여 받아 '타고나야만 하는' 영역이었다.

중세 농경사회까지도 그러한 현상은 지속되었다. 일단 이 시기에 리더가 할 수 있는 것은 그다지 많지 않았다. 조직의 생사를 좌우하는 상당히 많은 요소들ー강수량, 온도, 바람 등ー이 모두 다 하늘에 달려 있었다. 이러한 시기에 리더가 될 수 있는 방법은 단 세 가지 뿐이었다. 왕족이나 귀족(한국 사회에서는 양반 등)으로 태어나든지, 전쟁에 나가서 혁혁한 공을 세우든지, 나이가 들어 마을의 원로가 되든지.

하지만 과거에 비해 선택의 폭만 넓어졌다 뿐이지 이 시기에도 리더가 되는 것은 하늘로부터 부여받아야 하는 영역의 것이었다. 왕족이나 귀족의 핏줄을 타고나는 것이나, 전쟁에 나가서 혁혁한 공을 세우는 것, 그리고 나이가 드는 것 모두 인간이 어떻게 할 수 있는 것이 아니었기 때문이다.

그러다 보니 이 시기의 리더는 존재하되 구성원들로부터 인식되지 않았다고 말하는 것이 맞는 말일 것 같다. 리더는 당연히 리더가 될 수밖에 없었고, 그렇지 않은 사람은 어떻게 해도 리더가 될 수 없었다. 그렇기에, 리더로서의 자격이랄까, 리더로서 발휘해야 할 능력 같은 것들에 대해 그다지 큰 고민이 필요 없던 시기였다.

하지만 '리더'를 보는 인식의 극적인 변화는 산업구조의 급격한 변화와 함께 우리에게 찾아왔다. 앞서 슈타케 집안의 족보로 치면 하인리히 슈타케가 활약했던 시기에 즈음해서 슬슬 그런 변화의 조짐이 일기 시작했다. 물론, 이 시기에도 왕족이나 귀족의 피를 물려받으면 당연히 조그만 마을이나 거대한 왕국을 다스리는 리더의 자리에 오를 수 있었다. 하지만 1789년 프랑스 대혁명을 시작으로 절대 왕정이 흔들리기 시작하면서 '왕족이나 귀족으로 태어나면 당연히 지배하고 군림하게 된다'는 오래된 공식이 조금씩 도전을 받기 시작한다. 거기에 영국에서부터 시작되어 삽시간에 전 유럽을 휩쓴 산업혁명은 '자본가', '기업가', '금융가' 등과 같은 새로운 계급을 양산하면서 'if 부자, then 권력자'는 식의 인식은 강화시켰고, 반대로 'if 권력자, then 부자'는 반드시 성립하지만은 않는 명제로 만들었다. 즉, 하인리히 슈타케만 하더라도 조상으로부터 물려받은 토지와 금융자산 덕분에 여러 개의 공장과 수백 명

따라야 따른다

의 직원들을 거느리며 부자로 떵떵거리면서 살 수 있었지만, 언제부터인가 조금씩 경영 수완을 발휘하는 리더로서의 면모를 보여달라는 요청을 받게 되었다. 이 시기가 되면 이제 더 이상 과거처럼 '존재는 하되 인식되어지지는 않았던 리더'의 모습을 지향하기가 쉽지 않게 된다.

하지만 리더에 대한 보다 완벽한 인식 변화는 20세기에 들어서면서 본격적으로 진행되었다. 현대사회에서는 더 이상 핏줄이나 물려받은 토지 또는 자본이 리더로서의 절대적인 존재감을 부여해주지 못하게 되었다. 그 대신 몸 담고 있는 조직에 대한 정보의 질과 양, 발휘하는 영향력의 범위와 깊이, 인간적인 매력과 정치력 등이 리더로서의 자격을 나타내는 지표가 되었고, 그러한 것들은 하늘이 부여해준다기보다는 개인의 노력으로 충분히 학습과 연마가 가능한 영역이어서 누구나 다 리더의 자리에 도전할 수 있게 되었다. 더군다나 민주주의의 발달에 따라 다수결에 의한 의사결정 방식인 선거 제도가 정착되면서 리더의 자리는 능력만 있으면 누구나 오를 수 있는 자리가 되었다. 이는 모두 17세기와 18세기에 시작된 구미 각국의 의무교육(공교육 강화) 정책이 체계적으로 자리 잡으면서 학습된 노동자가 폭발적으로 사회에 유입된 결과와 궤를 같이 한다. 그러다 보니 리더들은 자리에 오를 때도 마찬가지지만, 그 자리를 다른 도전자들로부터 지키기 위해서라도 끊임없이 자신이 '왜 리더 자리에 있어야 하는지?', '왜 다른 사람보다 리더 자리에 더 어울리는지?'를 보여줘야 했다. 끊임없이 등장하는 새로운 학습된 노동자들에게 그러한 능력을 보여주려면 뭔가 체계화하고 유형별로 정리해서 그를 실행해야 했는데, 그러한 고민에서부터 발달한 것이 바로 '리더십'이다.

그리고 우리는 지금 말 그대로 '리더', 그리고 '리더십' 범람의 시대를 살고 있다.

일례로, 2010년 1월 현재 개설된 리더십 관련 교육과정을 인터넷에서 찾아보면 138개 이상의 결과가 검색된다. 여기서 'OOO개 이상'이라고밖에 할 수 없는 이유는, 오랜 기간 정규적으로 운영되고 있으며 '고용보험 환급 적용'이나 '기업교육 관련 전문 기관에서 운영'하는 최소한의 격식을 갖춘 교육과정이 138개라는 거지, 그 외에 다양한 형태로 진행되는 일회성 교육이나 특강은 이보다도 훨씬 많을 것이기 때문이다.

게다가 앞서 3가지 사례에서와 같이 초등학생부터 시작해서 최고경영자까지 '리더'와 '리더십'이라는 단어를 입에 달고 살면서, 그를 가지고 사람의 능력과 잠재력을 평가하는 도구로 사용하는 데까지 이르고 있다.

그런데 결코 흔들릴 것 같지 않던 리더와 리더십의 중요성에 대한 절대적인 믿음이 최근 들어 흔들리고 있다. 앞서 사례로 든 독일인 슈타케 집안의 게하르트와 같은 경우나 그의 아들 한스의 경우처럼, '리더'의 지위에 대한 구성원들의 인식과 그들로부터 기대하는 '리더십'에 대한 내용 자체가 뿌리부터 흔들리고 있다. 아니, 아예 '리더' 혹은 '리더십'에 대해 구성원들이 느끼는 존재감 자체가 빠른 속도로 힘을 잃고 있다. 대신 아주 중요한 다른 무언가가 그 빈 공백을 대체하며 급속히 그 세를 확장하고 있다. 사회가 급변하면서 많은 이들이 조직 내에서 리더가 할 수 있는 일이 예전과 다르게 급격히 줄어들고 있다는 이야기들을 스스럼없이 꺼내고 있다. '1년 연봉으로 수천만 달러 이상을 받는 CEO들이 줄줄이 나오고 있는 상황에서 리더의 역할이 줄어들고 있다니, 그게 무슨 말도 안 되는 소리냐?'고 따지는 이도 있을지 모르겠으나, 여러 가지 상황을 살폈을 때 리더의 역할과 영향력이 줄어들고 있다는 것은 엄연한 사실인 듯하다. 게다가 최근 들어 그러한 경향은 더욱 더 심화되고 있다. 이러한 논지를 뒷받침하는 사례들은 뒤에서 조금 더 자세하게 다루기로 하고, 이런 일들이 최근 들어 더 급속도로 진행된 이유는 무엇인지부터 알아보자.

우리는 지금 말 그대로 '리더',

그리고 '리더십' 범람의 시대를 살고 있다.

세상이 변했다

followership

03

수평화된 세상

|

FOLLOWERSHIP

평평해진 세계가 리더들을 압박하다

세계는 평평하다.

사실, 이 '세계는 평평하다'는 이론 제기는 어제 오늘의 일이 아니다. 영국의 발명가이자 작가였던 사뮤엘 로버텀Samuel Rowbotham은 자신의 과학적 통찰력과 성경에 대한 면밀한 해석을 바탕으로 1881년 〈지구는 구球가 아니다〉라는 소책자를 썼다. 전체가 16페이지밖에 안 되는 이 책에서 그는 '지구는 구 형태가 아닌 넓적한 원판 형태로, 북극을 중심점으로 대륙들이 오밀조밀하게 모여 있고, 그 밖으로 남극이 둘러싸고 있다'는 이론을 폈다. 출간 후 몇 년 간은 그의 적극적인 노이즈 마케팅과 저명한 학자(그의 의견에 찬성하거나, 반대하거나 하는 것은 중요하지 않았다)들의 '이론 검증 실험 논란' 덕분에 한동안 대중의 관심에 머물렀지만, 이내 기원전 200년 경[9] 이후 대세로 인식되던 '지구 구형' 이론에 밀려 관심이 사그라 들어 버렸다. 물론 아직까지 '평평한 지구 학회Flat Earth Society'등이 남아 지구가 납작한 원판이라는 로버텀의 학설을 지지하고는 있지만 그다지 호응을 얻지는 못하고 있다.

이후, '세계는 평평하다'는 주장이 더 이상 대중들에게 받아들여질 수 없는 '비과학적 무지'의 상징으로 인식될 즈음, 전 세계는 다시 한 번 '세계는 평평하다'는 주장을 담은 책이 등장했고, 이번에는 이전보다 훨씬 더 강력하게 대중들에게 파고 들었다. 당대 세계 최고의 권력자인 미국 대통령과 역시 당대 최고의 부자인 마이크로 소프트Microsoft사의 최고 경영자가 '꼭 읽어야 할 책'이라며 바람을 잡았고, 그와 동시에 전 세계 언론에 영향력을 미치는 미국 내 대형 언론사에서 하나같이 극찬 일색인 서평을 쏟아냈다. 이 책은 곧 전 세계의 '책 좀 읽는다'는 사람들이나, '국제적으로 일 좀 한다'는 사람들의 필독서가 되었다.

바로 일생에 단 한 번 타기도 힘들다는, 전 세계 모든 언론인들의 꿈인 퓰리처상The Pulitzer Prizes을 세 번이나 탔고, 원고 1장당 원고

---

9 기원전 500년에서 기원전 200년까지의 기간 동안 피타고라스 학파를 중심으로 '지구는 구형이며 우주의 중심도 아니다'라는 사상이 급속도로 전파되었다.

따라야 따른다

료가 세계에서 가장 비싸며, 그의 말 한마디에 미국의 주요 정책이 영향을 받는다는 뉴욕 타임스의 칼럼니스트 토머스 프리드먼Thomas L. Friedman이 지은 《세계는 평평하다The World is Flat》에 관한 이야기이다. 하지만, 이 책이 말하는 '평평함'은 앞서 사뮤엘 로버텀이 주장한 것처럼 '지구라는 행성 자체의 모양이 평평하다'는 이야기가 아니었다. 그는 이 책에서 중국, 인도 등의 나라에서 벌어지고 있는 변화를 생동감 있게 들려주며, 디지털 기술의 혁명적 진보로 인해 시공간의 구분이 무의미해지면서 지식을 활용한 업무를 수행하는 데 있어서, 전 세계가 동시에 같은 무대에서 경쟁하게 된 상황을 이야기하고 있다. 그리고 이렇게 변화한 모습, 그것이 바로 '세계가 평평하다라고 말할 수 있었던 이유'라고 말했다.

그런데 우리 주변에서 일어나고 있는 일들을 잘 살피거나, 이제껏 일어나고 있는 일들을 곰곰이 생각해보면 그의 책에 나와있는 주장에 따르지 않더라도 우리가 살고 있는 세계는 분명 평평해진 것 같다. 아니, 평평하다 못해 이미 납작해진 듯하다.

다시 슈타케 집안으로 돌아가 보자. 사냥꾼 슈타케만 하더라도 하늘로부터 물려받은 탁월한 체력과 체격이 있었다. 이를 바탕으로 그는 다른 사람들보다 한 계단 위에서 세상을 바라보고, 그가 원하는 것을 얻을 수가 있었다. 프란츠 슈타케의 경우 남다른 경험과 경륜, 지혜와 이성을 바탕으로 역시 다른 사람들보다 한 계단

위에서 세상을 살아갈 수 있었다. 그러던 것이 하인리히 슈타케 무렵부터 조금 이상한 기미를 보이기 시작했다. 분명 하인리히도 가문으로부터 물려받은 토지와 자본이라는 든든한 기반을 딛고 다른 이들과 다른 출발선에서 시작할 수 있었지만, 급속하게 진행된 산업사회에서는 속칭 '대박' 만 한번 치면 맨손으로도 그의 수십 배나 되는 토지와 자본을 차지할 수가 있었다.

도저히 넘볼 수 없는 것으로 여겨지던, 그래서 '수평적 확대' 만을 꿈꾸었던 사람들에게 이 기간은 자신의 노력으로 수직적 확대와 수직적 성장이 가능하다는 것을 인식시켜준 역사적인 기간이었다. 중세 봉건시대 콜럼부스의 신대륙 발견은 신분사회 하에서 거의 불가능하다 여겨졌던 '수직적 확대(혹은, 상승)'를 대신한 '수평적 확대'의 산물이라고 하면 지나친 억측일까?

아무튼, 한참 뒤인 게하르트 슈타케의 시기에 접어들면 이제 세상은 거의 완벽하게 평평하게 아니 납작하게 완성된다.

사냥꾼 슈타케와 프란츠 슈타케가 보유한 리더로서의 능력, 위상은 인간이 부여한 것이 아니라, 절대자가 부여한 것으로 인식되던 것들이었다. 노력을 한다고 해서 160cm의 키가 190cm의 장신으로 변할 수 있는 것이 아니었고, 20kg짜리 돌덩이를 겨우 들던 사람이 80kg짜리 돌덩이를 번쩍번쩍 들 수 있게 되는 것은 아니었다. 마찬가지로 노력 여하에 따라 정도의 차이는 있겠지만, 육십먹은 노인과 스무 살짜리 청년이 겪을 수 있는 경험이나 쌓을 수 있는 경륜의 차이는 인간이 쉽게 극복할 수 있는 것이 아니었다. 당연히 그런 것을 보유한 리더는 일반적인 사람들보다 한 계단 위에 설 수 있었다. 하지만 하인리히 슈타케가 보유한 자본과 토지라는 것은 어렵긴 하지만 충분히 리더가 보유한 것만큼 혹은 그 이상을 확보할 수가 있었다. 게하르트 슈타케가 보유한 '정보Information'와 '기술Skill'까지 가면 이제는 차마 그것을 리더만이 가진 능력이라고 말하기 어려울 정도로 누구나 다 가질 수 있는, 그리고 개인의 노력 여하에 따라서는 충분히 리더 이상 가는 양과 질을 확보할 수 있게 되었다. 리더가 알고 있는 지식이라는 것이라고 해봐야 이미 인터넷에서 구할 수 있는 경우가 대부분이고, 그 외에 리더로서 고유하게 알고 있는 정보라는 것들 중 상당수는 급변하는 현재 시점에서는 효용가치가 없는 구닥다리인 경우가 허다해졌다.

예를 들어, 어느 회사에 40대 중반의 팀장급 리더와 20대 후반의 팀원이 있다고 하자. 10여 년 전만 하더라도 두 사람 사이에는 절대로 뛰어넘을 수 없는 축적된 정보량의 차이가 있었다. 거의 모든 정보는 시간 속에서 무형적으로 쌓여온 팀장의 머릿속에 남아 있거나, 아니면 지면에 인쇄되거나 적혀져 리더가 손수 보여주지 않으면 팀원은 도저히 볼 수 없는 것들이 대부분이었다. 자연스럽게 정보와 기술을 독점하고 있는 리더는 별다른 어려움 없이 부하 직원보다 더 탁월한 능력을 발휘할 수 있었고, 차원이 다른 혜안을 갖출 수가 있었다. 그에 따라 부하 직원들로부터 별다른 의심 없이 리더로 인식되고 인정받을 수가 있었다. 하지만 요즘 상황은 10년 전과 전혀 다르게 움직이고 있다. 리더가 선진 회사를 벤치마킹한 다며 GE 경영전략 부서에서 고작 6년쯤 근무한 직원이 GE의 경영 철학과 경영관리기법에 대해 쓴 책을 읽고 흐뭇해 하고 있을 때, 발빠른 부하직원들은 TED[10]사이트를 통해 GE에서 자그마치 30년째 근무 중인 이멜트Jeffrey R. Immelt회장의 강의를 직접 듣고 있다. 심지어 미국에서 MBA과정을 다니며 수업 시간에 GE의 사례를 직접 다뤄봤거나, 인턴십을 GE의 계열사 중 하나인 GE헬스케어에서 경험한 친구들까지 있다. 이 정도가 되면 단순히 경험이나 알고 있는 정보만을 가지고 리더십을 발휘하기란 쉽지 않다. 오히려 열세인 정보력을 만회할 만한 다른 형태의 리더십 보완이 더 필요한 지경에 이른 실정이다.

실로 세계는 평평해졌다. 평평하다 못해 납작해졌다.

과거 수직적으로 분화되어 확고하게 고착된 것만 같았던 세상이 점차 위아래가 좁아지고 옆으로 넓어지며 다양해지는 세상으로 변해가고 있다. 리더가 부하 직원에게 더 이상 '나는 윗사람이다'만을 내세울 수도, 그런 이유로 대접받기를 원할 수도 없는 시대가 되어 버린 것이다.

---

10 미국의 비영리재단으로 기술, 예술, 디자인 등에 관한 공개강좌를 개최하고 그를 찍은 영상을 인터넷을 통해 공유하고 있다.

따라야 따른다

이런 시기에 과연 예전처럼 '리더십'에 대해서만 강조하고, '리더'들에게만 책임을 묻는 것이 바람직한 것일까?

그런 질문에 대한 답은 뒤에서 차차 하도록 하고, 아무튼 상황이 이렇다 보니 이렇게 평평해진 세계에 어떻게 적응하고, 그 세계 안에서 어떻게 성공적으로 인원을 배치하고 조직을 운영할 것인지에 대한 새로운 시각에서의 접근이 필요하게 되었다. 이 책 또한 그러한 고민에서 출발한 것이다.

한스 슈타케는 왜 언급하지 않았냐고?

한스 슈타케가 사회생활을 시작하며 맞이할 세상은 아마도 리더와 리더가 아닌 사람의 구분이 불필요한 시대가 될 수도 있다. 어떠한 조직이나 규제에 대해서도 거부하는 완전한 '개별인個別人'들의 사회가 될 수도 있다.

벌써 많은 이들이, '전복된 봅슬레이 썰매에 깔려있는 주장 한스 슈타케를 보며 도와주기는커녕 손가락질하던 팀원들'을 떠올리며 한숨부터 짓고 있을 듯하다. 하지만 어떡하랴. 이제부터 다가올 세상은 한스와 그의 후배들의 시대인 것을.

3만 3백 30년의 타임워프[11]

요즘 들어서는 가뜩이나 납작해진 세상에서도 우리가 사는 '대한민국'이 가장 납작해진 곳이라는 생각이 든다.

그 원인으로는 일단 누구나 예상하듯, 세계에서도 비교 대상을 찾을 수 없을 정도로 완벽하게 갖춰진 IT 인프라를 들 수 있다. 젊은이들은 모르는 것이 있으면 어른이나 스승을 찾기보다는 네이버Naver에서 24시간 활약하고 있는 수많은 '지식인지식in'들을 찾아간다. '나보다 많이 아는 것'이나 '나보다 경험이 많은 것'이 존경의 대상이 아니라, '나와 당연히 나눠야 할 것을 단지 먼저 가지고 있는 것'이 경배의 대상이 되었다. 물론, 나와 나눠야 할 것이라 하더라도 나보다 먼저 가지고 있으면 그는 당연히 존경 받아야 할 대상이 된다.

네이버 지식인 명예의 전당 멤버들이나, 사이버 게임공간 안에서의 고수들, 각종 온·오프라인 모임에서의 시삽들에 대한 다른 이들의 존경과 부러움, 신뢰와 지지 등을 살펴보면 이를 이해할 수 있을 것이다.

이렇듯 한국 사회는 공유Share에 대한 강조와 열광만 있을 뿐 전수받음Learn에 대해서는 점차 관심이 사라져가고 있는 세상이 되었다. 이 모든 것의 영향으로 리더와 그렇지 않은 사람(팀원, 구성원, 부하 직원 등) 사이의 간극이 좁아지면서, 예전에는 그들과 다른 레벨

---

11 Time warp. 시간의 변질이나 왜곡이 일어나서 과거나 미래의 특정한 시간대로 이동하는 현상.

따라야 따른다

세계는 평평해졌다. 평평하다 못해 납작해졌다.
수직적으로 분화되어 확고하게
고착된 것만 같았던 세상이
점차 위아래가 좁아지고 옆으로 넓어지며
다양해지는 세상으로 변해가고 있다.

로 인정 받으며 다른 링에서 다른 룰을 가지고 싸웠던 리더들이 이제는 같은 무대에서 같은 룰과 도구를 가지고 경쟁하며 자신이 리더임을, 자신이 더 뛰어난 사람임을, 그러므로 당연히 따라야 함을 보여줘야 하는 시대가 되어 버렸다.

그렇다면 한국 사회는 왜 이토록 다른 나라보다도 훨씬 더 '납작' 해졌을까? 그 이유를 말하기 전에 먼저 내 기억 속에 남아 있는 어린 시절 이야기를 하나 할까 한다.

내 고향은 서울이지만, 내 아버지의 고향은 충청북도 보은군 속리산 자락의 한 시골 마을인 삼승면 상가리이다. 지금이야 속리산이 국립공원으로 지정되고 청원과 상주를 잇는 고속도로가 뚫려서 많이 발전했지만, 내 아버지 어릴 적만 하더라도 TV, 라디오는 커녕 전깃불조차 구경하기 쉽지 않았던 촌 동네였다. 지금도 명절이나 집안에 큰일이 있을 때 종종 찾아가곤 하는데, 갈 때마다 이전보다 눈부시게 발전한 모습에 깜짝깜짝 놀라곤 한다. 그런 아버지의 고향 마을에 대한 추억 중에서 가장 즐거웠던 것으로 기억되는 것은 오래 전에 돌아가신 할머니의 환갑 잔칫날의 모습이다. 마을 청년회에서는 할머니의 환갑 사흘 전부터 그 당시 어린 나에게는 학교 운동장만큼이나 넓었던 둘째 큰 아버지 댁 마당에 천막을 치고 전기선을 끌어와 전등을 밝혔다. 그리고 한 켠에서는 동네 부녀회에서 국을 끓이고 전을 부치기 시작했다. 잔칫날이 되자 누군가 전축을 마당에 내다가 (당시엔 노래방 기기가 등장하기 전이었다)

62

음악을 틀었고, 9남매나 되는 할머니의 자식들이자 내 아버지의 형제자매들은 한복으로 곱게 갈아입고 손님 맞을 준비를 했다.

오전 11시가 되자, 마을 이장이 옥외 방송을 통해 '오늘 마을에서 회갑잔치가 있습니다'는 잔치 개최 소식을 치지직거리는 소음과 함께 알렸고, 사람들은 농번기임에도 불구하고 하루 농사를 포기하고 옷을 차려 입고 둘째 큰아버지 댁 마당으로 몰려들었다. 마당은 이내 발 디딜 틈 없이 마을 사람들로 가득 찼고, 음식을 담은 접시들이 부엌에서 마당으로, 가마솥에서 천막 아래로 옮겨졌다. 이윽고 인근에서 가장 큰 도시였던 청주에서 큰돈을 받고 초빙된 환갑잔치 전문 가수가 마이크를 들고 권주가를 부르자 할머니의 아홉 자녀들은 손주들을 앞세우고 할머니께 큰절을 올렸고 그 중 한 명이 할머니를 번쩍 업자 다른 자손들도 박수를 치면서 풍악에 맞춰 그 뒤를 따라 덩실덩실 마당을 몇 바퀴나 돌았다. 이 모든 것이 할머니의 환갑, 즉 61세 생신을 기념하기 위해 준비된 것들이었다. 그런데 이 잔치는 아주 오래 전 이야기가 아니라 불과 1980년대 초반에 있었던 일이다.

이번에는 재작년에 있었던 일이다. 집안 어른께서 편찮으셔서 급하게 병원 응급실로 모시고 갔던 적이 있었다. 응급실을 지키던 인턴 의사가 차트에 기본적인 사항을 적기 위해 신상에 대해 물어보기 시작했다. 그러다 뭔가 잘 못 들었던지 어른께 질문했다.

"할아버지, 다시 한 번 말씀해 주시겠어요?"

그러자 어른께서는 '힘없다', '어지럽다'를 호소하시던 모습은 간 데없이 노기 어린 목소리로 버럭 화를 내시는 것이었다.

"할아버지는 누가 할아버지야!"

인턴 의사가 친절하게 대한다며 '할아버지'라고 부른 것이 기분을 언짢게 만든 모양이었다. 어른께서는 '나이 든 사람 취급한다'며 두고 두고 기분 나빠 하셨다. 어른께서 올해 67세가 되시니까, 당시 연세는 65세셨다.

30여 년 전만 하더라도 60세가 되면 집안 뿐만 아니라 마을의 어른으로 존경과 축하를 받으며 성대하게 잔치를 했던 것이 오늘날에 와서는 70세가 되어서도 현역으로 뛰는 사람도 많고, 60대에게 '할어버지, 할머니' 같은 '나이 들었음'을 상징하는 이름표를 붙이면 열에 몇 명은 꼭 언짢은 표정을 짓는 분위기가 된 것이다.

불과 5~60여 년 전까지만 하더라도 한국은 수만 년간 이어져 온 전형적인 농경사회였다. 단순히 산업의 구조가 농경을 통해 얻어진 산물을 가지고 돌아가는 구조여서 그렇다는 것이 아니라, 사회구성원들의 의식구조, 전반적인 분위기, 사회적 시스템 등이 모두 전형적인 '농경사회'의 모습들을 보였다는 얘기다. 그러던 것이 60년대 말쯤부터 자의 반 타의 반으로 산업사회의 모습으로 접어들더니, 어느새 우리는 정보화 사회를 뛰어 넘어 지금 사회의 이름을 무어라 붙여야 할지조차 딱히 정의 내리기 힘들 정도로 빠르게 변화하는 세상에 살고 있다.

그리고 그런 시대의 변화를 가장 극단적으로 보여준 사건은 1970년대의 마지막을 두 달쯤 남겨둔 어느 날 일어났다.

1979년 11월 3일.

당시 정부청사였던 중앙청(지금의 경복궁 궁내) 앞에서 역사적인 장례식이 엄수되었다.

무려 18년이라는 기간 동안 현대 한국사회를 다스렸던 한 거물이 퇴장하는 순간이었다.

1주일 전 믿었던 부하가 쏜 총탄에 쓰러진 그 '거인'의 마지막 가는 모습을 지켜보기 위해 200만 명이 넘는 국민들이 중앙청 앞에서부터 시청 앞까지 거리를 가득 메우고 있었다. 그때나 지금이나 정에 한없이 약한 이 나라의 아줌마, 할머니들은 부모가 돌아가신 것처럼 소복까지 챙겨 입고 땅을 치며 오열을 하고 있었지만, 다른 국민들 대부분은 뭔가 당황한 듯 어안이 벙벙한 표정이었다. 그도 그럴 것이 이 나라 이 땅에서 실질적인 정신적, 행정적 최고 지도자(김구 선생의 경우는 정신적 지도자이기는 했지만 행정적 지도자는 아니었고, 이승만 대통령의 경우 행정적 지도자이기는 했지만 하야할 무렵에는 정신적 지도자와는 조금 거리가 멀었기에)가 현직에 있다가 갑자기 사라져 버린 경우가 고종황제 승하 이후 이때가 처음이었기 때문이다. 게다가 '하늘이 내린' 병이나 천재지변 때문이 아니라, 평상시 수족처럼 부렸던 '부하'의 손에 죽음을 맞이했다는 사실과, 2인자나 후계자가 없는 독보적인 1인자였고, 황제는 아니었지만 황제 그 이상 가는 권력과 존경(비록 일부 사람들에게서만 그랬다 하더라도)을 받았던 존재가 하루 아침에 사라졌다는 사실을 그들은 쉽게 받아들일 수가 없었다.

그런 혼란의 와중에서 영결식은 엄수되었고, 모두가 예상하지 못했던 순간 그날의 절정을 맞이하였다. 국장으로 치러진 그날 식에서는 한국을 대표하는 세 종교의 대표자가 나와서 차례로 종교 의례를 하는 순서가 있었다. 먼저 찬불대가 나와서 노래를 부르고 불교계 대표로 당시 조계종 종정 직무대행이던 고암古庵스님의 독경이 이어졌다. 그 다음으로는 천주교 성가대의 노래와 천주교계를 대표하는 신부님이 나와서 축도를 하기로 되어 있었다. 천주교를 대표하는 역할은 당연히 1969년도에 세계 최연소이자 한국 최초로 추기경에 서임된 이후 한국은 물론 전 세계 카톨릭계에서도 두루 존경 받는 지도자였던 김수환 천주교 주교회의 의장이 맡게 되었다. 그런데 그의 입에서 축도의 첫 마디가 튀어나오는 순간, 중앙청부터 시청 앞까지 가득 메운 수백만의 시민들과 집에서 TV를 통해 영결식 중계방송을 보던 전 국민들은 깜짝 놀라고 말았다. 그의 입에서 나온 축도의 첫마디가, "지금 '인간' 박정희가 '신' 앞에 누워 있습니다"라는 말이었기 때문이다.

어찌 보면 당연한 이 한마디에 온 국민들이 깜짝 놀랐던 이유는 무엇일까?

바로 박정희 대통령의 이름 앞에 붙었던 '인간'이라는 단어 때문이었다. 다들 박정희 대통령이 생물학적으로 '인간'이었음을 몰라서 그렇게 놀란 것이 아니었다. 다만 '인간의 영역'을 벗어난 곳에 존재했던 이가 사실은 우리와 똑같은 한 사람의 '인간'이었음을 알게 되었을 때 느낀 충격 때문이었다.

박대통령 시절 권력의 2인자였던 김종필 전 총리의 이름 앞에는 늘 '1인 지하, 만인 지상—人之下, 萬人之上'이라는 별칭이 붙었었다. 그것이 그대로 이어져 이후 국무총리라는 직책을 표현하는 말로 쓰이게 되었지만. 이것에서부터 당시 '박정희 대통령'이라는 존재를 인식하던 국민들의 의식을 엿볼 수 있다. 물론, '1인'이라고 표현하기는 했지만, 그건 단순히 숫자를 부각하기 위한 것에 지나지 않았다. 이미 박대통령은 '모든 사람萬人' 위에 군림하는 인간 그 이상의 존재로 인정했던 것이다. 하지만 '인간 이외의 영역 어딘가' 쯤에 존재할 것만 같았던 이의 영결식이라는 특수한 상황을 맞이한 상태에서 김수환 추기경의 그 한마디에 의해 사람들은 '박정희 장군' 혹은 '박정희 대통령 각하' 혹은 '국부이자 가난으로부터 우리를 구원하신 나라님'이 우리와 수평적 관계를 맺을 수도 있는 '그냥 인간'임을 깨닫게 되었고, 그러한 자각은 이어진 제5공화국 군부 정권하에서 들불처럼 일어나 87년 6월 민주화 항쟁까지 이어진 민주화 운동의 가장 큰 동력들 중 하나가 되었다.

이렇듯 우리나라가 해방 이후 경험한 시간은 다른 서구 사회가 경험한 수만 년 간의 농경사회의 성숙, 그리고 이어진 수백 년간의 산업(기계공업이 주도하는)사회의 발전, 마지막으로 현재도 지속되고 있는 수십 년간의 정보화 사회를 압축한 60여 년이었다. 말 그대로 수만 년을 타임 워프한 셈이다.

그렇다 보니 한 조직 안에도 농경문화를 기반으로 평생 '먹고사는 고민을 하며 살아온' 사장과 산업사회를 기반으로 '개발도상국 탈출이 꿈이었던' 팀장, 그리고 정보화 사회 중에서도 가장 역동적이고 급격히 발달한 사회에서 태어나 '미국이고 일본이고 별 신경 쓰고 싶지도, 주눅들 필요도 못 느끼는' 팀원이 함께 일하는 나라가 바로 대한민국이다.

이를테면, 한 집안 안에 프란츠와 하인리히와 게하르트와 한스가 모두 모여 사는 형국이다. 과히 세계에서 가장 평평하고 납작한 조직문화를 갖춘 나라라 할 만하다.

거기에 30여 년 넘게 이어졌던 군사정권에 대한 거부감까지 더해져, 한국은 더 이상 수직적 조직 분화, 위계질서, 리더와 리더 아닌 사람의 구분에 대해 매력을 못 느끼고 세계에서도 가장 강렬하게 거부감을 보이는 나라가 되었다.

자, 그럼 이제 한국은 평평해질 만큼 평평해진 것인가? 더 이상 납작해질 곳이 없을 만큼 납작해진 것인가?

그건 아닌 것 같다.

68

우리 '한국'에는 더욱더 큰 변화를 몰고 올 중대한 한 가지가 아직 남아 있다.

04

아주 특별한 대한민국

|

베이비 버스터가 몰려온다

앞으로 우리에게 닥칠 더욱더 극적인 변화 하나가 남아 있다.

이제까지 우리나라는 크게 2차례 정도의 베이비붐Baby boom을 경험했다. 6.25 한국전쟁 이후 1955년쯤부터 전후 복구 열기와 민주화에 대한 열망이 뜨겁게 달아오르던 1960년 사이에 태어난 약 720만 명이 형성한 1차 베이비붐과 본격적인 경제개발이 이루어지던 1968년부터 후진국을 벗어나 개발도상국의 자리에 올라선 1974년까지 매년 약 80만 명씩 태어난 이들이 형성한 2차 베이비붐이 바로 그것이다.

2010년대 초반 직장과 사회 조직을 기준으로 보면, 앞선 1차 베이비붐 세대는 오너 또는 임원, 기관에서는 기관장이나 선출직 위원 또는 위원장 등의 자리를 차지하고 있고, 2차 베이비붐 세대는 그 밑의 부서나 팀 등에서 부서장이나 팀장의 위치를 차지하고 있으며 이런 추이는 당분간 변화가 없을 것이다.

가뜩이나 아무것도 없는 나라의 아무것도 없는 부모 밑에 태어나서 유사 이래 최고의 경쟁을 거쳐 성장한 1차 베이비붐 세대는 전 세계 어디에 내놔도 근면함과 근성만큼은 뒤지지 않았고, 세계 다른 모든 국가들이 불가능할 것이라 했던 기적 같은 성장을 일궈내며 그 호황기를 마음껏 누렸다. 이들 선배 베이비붐 세대보다는 조금 나은 환경에서 태어난 2차 베이비붐 세대는 선배들보다 가진 것이 조금은 많았고, 경쟁은 조금 덜 치열했지만 그들에게는 '해외의 경쟁자'라는 새로운 도전이 있었다. 88년 서울올림픽 이후 본격적으로 진행된 국제화의 물결 속에서 그들은 우리보다 훨씬 발전되고 부유한 사회적 인프라 속에서 성장한 해외의 '강한' 경쟁자들과 맞서 싸웠고 당당히 성과를 거뒀다. 지금 우리가 누리고 있는 세계시장에서의 지위, 높아진 국격 등은 모두 1차 베이비붐 세대가 쌓아온 저력을 바탕으로 2차 베이비붐 세대가 꽃피운 결실이다.

그리고 그 이후로 새롭게 등장한 베이비붐 세대는 없다. 그러나 반전은 지금부터다.

1차 베이비붐 세대와 2차 베이비붐 세대간에도 물론 다툼이 있었고 서로에 대해 이해하지 못하겠다는 반응도 많았지만, 그래도 이들은 서로 공유가 되는 그 무엇이 있었다.

나약한 국가, 가난한 부모 밑에 태어나서 믿을 곳이라고는 한군데도 없었기에 '내 자신의 능력은 내가 길러야 한다'는 자립심.

가지고 있는 것이 없기에, '내가 가진 지혜, 내가 기를 수 있는 지식, 내가 갖출 수 있는 능력을 확보하기 위해 노력해야 한다'는 무형적 자산의 중요성에 대한 이해.

내 존재는 아무도 인정해 주지 않기에, '세상의 모든 것들과 경쟁을 통해 내 존재감을 확보해야 한다'는 자존감과 투쟁심.

그렇게 어렵게 만들어 놓은 국가, 사회, 직장, 가족이기에, '무슨 일이 있어도 내가 속한 곳들을 지켜내야 한다'는 소속감과 책임감.

그들에게는 이런 것이 공통적으로 있었기에 비록 연배가 다르고, 배운 것이 다르고, 환경이 달랐지만 어느 정도 서로 공감하고 공유할 수 있는 그 무엇이 있었다. 그런데 그들의 자녀, 부하, 후배들로는 공감하고 공유할 영역이 거의 사라져 버린 전혀 새로운 세대가 등장한 것이다.

베이비 버스트Baby Burst 시대에 태어난 베이비 버스터Baby Burster가 바로 그들이다.

베이비 버스터는 말 그대로 두 자녀 가정이 한 자녀 가정으로 본격적으로 변화하고, 아이를 갖지 않기로 한 부부들이 획기적으로 증가한 1980년대 중·후반 이후 출생한 세대들을 말한다. 이들은 태어날 때부터 풍요로웠다. 그냥 풍요로운 것이 아니라, 오늘보다

따라야 따른다

내일이 이번 달보다 다음 달이 올해보다 내년이 훨씬 나아지는 나라에서 태어났다. 그리고 이들은 태어나자마자 그 가정의 주인공이 되어, 자신보다 훨씬 나이 많은 가족들의 절대적인 관심과 애정 속에 자라났다. 감독 없는 무대 위에서 자신에게 맞춰서 작성된 시나리오에 따라 부모들을 부려가며 살아온 그들이 모든 '시간'과 '상황'을 자기중심적으로 판단하는 것은 당연한 일이었다. 향후 몇 년간 이들이 사회에 새로운 유입세력으로 등장할 것으로 예상되며 실제로 이미 상당수의 전형적인 베이비 버스터가 사회로 진출하고 있다. 이와 관련해 모 그룹 산하 대형 건설사의 인사 담당 임원이 들려 준 다음 이야기는 시사하는 바가 크다.

왜 나만, 우리 아들만, 우리 손자만

대그룹 계열 건설회사의 인사노경 팀장으로 근무하는 송 상무는 최근 이해할 수 없는 일을 겪었다. 아침 운동을 위해 집을 나서는데 차 앞에 주차되어 있던 차에서 중년의 사내가 내리더니 다짜고짜 이야기 좀 하자고 했다. 노조와 관련한 업무도 함께 관장하는 그로서는 최근 실시한 명예퇴직과 구조조정 과정에서 퇴사하게 된 노조원의 항의 방문이 아닌가 하여 잔뜩 긴장을 하고 있었는데, 중년 사내는 모 시중 은행에 간부로 근무하는 사람으로 최근 송 상무의 회사에 입사한 신입사원의 부모라고 자신을 소개했다. 문이 열린 차 안에는 부인으로 보이는 중년 여성이 운전석에 앉아 있었다.

송 상무가 찾아온 이유를 물어도 중년의 사내는 겸연쩍어하며 말을 잘 못했다. 그러자, 차 안에 앉아 있던 중년 여성이 밖으로 나와 날카로운 목소리로 쏟아내듯 이야기했다. 얘기인즉슨 두 부부의 외아들이 최근 송 상무가 근무하는 회사에 입사했는데, 지망하던 플랜트 사업본부에 배치 받지 못하고, 업무가 다소 힘들다고 소문난 재개발 사업본부에 배치 받았다는 것이었다. 입사 성적도 상위권이고 연수성적도 좋다고 들었는데, 원하는 지망부서에 배치 받지 못한 이유를 알고 싶고, 자기 아들이 몸도 약하고 붙임성도 없으니 대인관계가 필요한 업무가 많은 재개발 사업본부보다는 원래 희망하던 플랜트 사업본부로 재배치해줬으면 좋겠다는 얘기였다.

송 상무는 자신의 회사에서 재개발 사업본부가 차지하는 위상과 성장 가능성, 인사정책의 방향과 채용배치의 원칙 등에 대해 설명하려다 포기하고, 이런 상황이 너무 어이가 없어 아무 말 못하고 물끄러미 하늘만 바라보고 있었다. 그러자, 옆에서 잠자코 부인의 열변을 듣고만 있던 중년 남자가 주섬주섬 품 안에서 봉투를 꺼내 송 상무의 트레이닝 점퍼 안에 넣어 주더니 차를 몰고 쏜살같이 사라져 버렸다. 봉투를 꺼내보니 빳빳한 5만원권 20장, 100만 원이 들어있었다. 촌지였다. 송 상무는 그와 같은 사실이 어이가 없었으

74

나, 회사 감사팀에 알릴 경우 그 신입사원에게 불이익이 돌아갈 것이고, 이제 갓 입사한 신입사원에게 그런 상황이 조금 가혹할 것 같다는 생각에 감사팀에 알리지 않고 인사기록부를 뒤져 그 신입사원의 집 주소를 알아낸 뒤 직접 찾아가서 부모에게 다시 봉투를 전하기로 했다.

그런데 그게 화근이었다.

현관 앞에서 봉투를 되돌려주려는데, 이번에는 부모 뒤에서 쳐다보던 그 신입사원의 할머니가 달려들며, '왜 우리 손자를 나쁜 부서에 보냈냐?' 고 송 상무에게 따지고 드는 것이었다. 정작 당사자인 신입사원도 퇴근하고 집에 돌아와 있었지만, 그는 아무 말도 하지 못하고 부모와 할머니가 합작하여 자신의 진로를 좌지우지하는 것을 바라보고만 있었다.

송 상무의 이와 같은 경험은 단순히 어쩌다가 한 번쯤 있는 독특한 경험은 아닌 것 같다. 최근 한 일간지의 보도에 따르면 각 기업 인사담당자들을 대상으로 한 인터뷰 결과 근래 입사한 신입사원들 가운데 이와 같은 일이 상당수 발생하고있다고 한다. 비단 초등학교 학생처럼 부모나 조부모들이 찾아와서 뒤를 챙기고 돌보려는 모습 뿐만 아니라, 신입사원 스스로 자신을 뭔가 특별한 대접을 받아야 하는 사람으로 단정 내리고 조직 내에서 맡아야 하는 역할을 거북스러워하며 그로부터 탈피하려고 끊임없이 노력하는 사람이 늘어나고 있다는 이야기였다. 이상하고 별스러운 모습으로 보이지만, 귀한 자식으로 태어나 곱게 자랐고, '혼자 서는 것은 즐기지 않지만, 남들 힘들게 서 있을 때 혼자 앉고 싶어하는', '어디서나 주목 받고 그 자신의 이야기에 귀를 기울여 주는 가족을 늘 곁에 두고 살아왔던' 그들의 특징을 생각해 본다면 크게 이상한 모습도 아니다.

극단적 유연함의 등장

거기에 더해 이들 베이비 버스터는 베이비붐 세대가 이제까지 경험하지 못한 '차원이 다른 유연함'을 지닌 세대이다. 1차 베이비붐 세대가 주어진 틀 안에서 최선을 다해 최고의 성과를 거뒀던 사람들이라면, 2차 베이비붐 세대는 자신들의 목표에 맞춰 자유롭게 틀을 만들어 전 세계의 경쟁자와 맞섰던 사람들이다. 하지만 베이비 버스터는 아예 '틀'이라는 것을 인정하지 않는 세대이다. 이들은 '틀' 안에서 실패하는 것보다도 그런 '틀을 인정했다'는 것 자체를 가장 치욕스럽게 생각하는 특성을 보인다. 이렇다 보니 흔히 진보적인 정치인들이 젊은 세대가 자신들을 선호한다고 생각하면서 선거 때마다 젊은 층의 투표를 독려하겠다고 나서는 것은 일면 타당해 보이지만, 베이비 버스터의 실제 특성을 제대로 살펴보면 단순한 착각이자 자가당착自家撞着에 지나지 않는다는 것을 알 수 있다.

따라야 따른다

베이비 버스터를 포함한 새롭게 등장하는 젊은 세대들은 진보가 좋은 것이 아니라, 그저 보수가 싫은 것이다.

사회적인 골격을 만들고 법이라고 하는 질서체계를 만들어 그를 우선적으로 존중하자고 외치는, 항상은 아니지만 세계 대부분의 지역에서 거의 항상 권력과 부를 소유했던, 대개 연장자들로 이루어져 있어 나이와 성별, 경륜과 연차에 의한 차별을 당연시하는, 그리고 가장 결정적으로 나를 주인공으로 만들어주지 않고 '나에 의해서가 아닌' 세상과 그 세상의 규칙을 만들어 낸 보수에 대한 반동의 의미로 '비뚤어질 테다!' 라며 진보 성향을 보이는 것이지, 결코 베이비 버스터의 전반적인 성향이 진보 성향은 아니다. 자기 자신을 주인공이 아닌 조연부터 차근차근 밟아 나가도록 하는 답답한 체계를 만들어 놓은 것이 보수 세력이기에 그에 반대하는 것이지, 만일 이 체계가 자신을 단숨에 주연이 아닌 주인공으로 만들어 준다면 그들은 급속도로 '보수' 선호로 돌아서게 될 것이다.

이와 관련해서 10여 년 전 재미있는 실험을 한 적이 있다.

대상은 당시 내가 진행하던 교육 과정에 입소한 교육생들이었고, 방법은 아주 간단했다. 나는 그때 매 교육 과정을 진행하면서 일지를 쓰고 있었는데, 교육생들에게 몇 가지 자극을 준 뒤 그에 대해 반응하는 정도를 기록해서 비교해 보는 실험이었다. 자극 역시 단순했다. 입소 시 나눠주는 과정 계획표 상의 수업시간보다 야간에 1시간에서 많게는 3시간을 연장해서 수업을 진행했다. 그때

가장 평평해진 대한민국에서
그런 수평화된 세상, 조직의 틀마저
'자신을 주인공으로 대접해 주지 않으면'
수용할 수 없는 새로운 세대가 몰려오고 있다.

교육생들이 보이는 부정적인 반응을 꼼꼼하게 체크해 보았다.

일단, 모두가 예상할 수 있겠지만 팀장, 지점장들로 이뤄진 교육생들과 젊은 직원들로 구성된 교육생 간에 반응이 달랐다. 팀, 지점장들은 처음 야간 연장수업이 있음을 알리는 이야기를 듣고는 능청맞게 비꼬거나 투덜거리며 격렬하게 반항했지만 얼마간의 시간이 지난 뒤 교육 진행자의 지시에 수긍하고 따랐다. 하지만 하위직의 젊은 교육생들은 처음에는 어쩔 수 없이 따르는 듯했지만, 조금 시간이 지나자 여기저기서 불평의 목소리가 터져 나왔다. 이 정도쯤이야 익히 예상할 수 있었다. 하지만 놀라운 결과는 젊은 하위직 교육생들 사이에서 나타났다. 그들 사이에서도 반응이 판이하게 달랐다. 그 반응은 그들의 성별이나 학벌과는 큰 상관관계가 없었다. 다만 해당 교육과정 내에서 그들이 어떤 역할을 하고 있느냐와 가장 큰 관련이 있었다. 즉, 교육 과정상 조장, 반장의 역할을 맡고 있는 교육생과 그렇지 않은 교육생 간에 가장 큰 차이를 보였다는 것이다. 이렇게 말하면 '뭐야? 겨우 그 얘기야? 당연한 얘기잖아? 어디든지 소위 '완장'을 차면 더 열심히 하고, 더 모범을 보이는 것은 당연한 것 아닌가?'라고 생각할 것이다. 맞는 말씀이다. 그런데 팀, 지점장들로 이뤄진 교육생들의 경우에는 그러한 자극에 대해서 조장이나 반장이 보인 반응과 다른 교육생이 보인 반응에 대부분 큰 차이가 없었다. 진행자나 강사가 납득이 가도록 설명하면 비슷한 수준으로 받아들이는 것이고, 그렇지 못하면 역시 비숫한 수준으로 항의하는 모습을 보였다. 그런데 젊은 교육생들은 완장을 채워주면 급속도로 (해당 교육을 통제하고 주도하는 영향력을 행사하는) 교육 진행자의 견해와 행동을 같이 하려는 경향을 보였다. 이는 팀, 지점장들에게서는 볼 수 없는 현상이었다. 팀, 지점장급의 교육생 중 속칭 완장을 찬 이들은 오히려 일반 교육생보다 더 '쉬엄쉬엄 하자' 며 교육 진행자에게 반기를 들었다. 교육생들의 대표로서 그들의 의견을 대변해야 한다는 어떤 생각의 틀을 갖고 있었던 것이다. 그렇다면 젊은 교육생의 대표들은 왜 급속도로 교육 진행자의 편으로 돌아섰을까?

아마도 추측하건대, 진행자가 그들에게 완장을 채워주자 그들은 이 교육을 자신들이 주인공 혹은 그에 준하는 주역으로 기여하는 '우리 교육' 이라는 동질의식을 느꼈을 것이다. 그 상황에서는 교육 진행자가 '우리 편' 이고 투정을 부리는 '다른 동료 교육생' 은 완전한 타자이자 설득시켜야 할 대상이 되는 것이다. 이에 대한 부연 설명 및 이런 현상이 향후 이 책에서 이야기하고자 하는 내용에 어떻게 연결이 되는 지는 차차 설명하도록 하자.

아무튼, 전 세계에서도 가장 평평해진 대한민국에서 그런 수평화된 세상, 조직의 틀마저 '자신을 주인공으로 대접해 주지 않으면' 수용할 수 없는 새로운 세대 – 베이비 버스터가 몰려오고 있다. 이쯤 되면 회사를 경영하는 이들이나, 조직을 관리하는 이들,

고위직에 있는 이들은 머리를 싸매고 어디 도망가서 쉴 곳이 없는지 찾고 싶어질 것이다.

그래도 가장 희망 있는 나라

몇 해 전 모 공중파 방송국 차장급 중간 간부를 대상으로 특강을 한 적이 있다. 첫 시간을 마치고 화장실에서 손을 씻는데 교육생 중 한 명이 옆에서 함께 손을 씻으며 말했다.

"강사님, 첫 시간 강의를 들으니 저희는 교육받을 필요가 없을 것 같습니다."

첫 시간에 위에 적은 리더와 리더십의 범람, 변화, 그리고 그 원인 중 하나인 대한민국의 급격한 변화 등에 대해 이야기한 것을 두고 말하는 듯했다.

"아니, 왜요?"

정색하며 묻자 그는 농담이라며 웃음 띤 얼굴로 대답했다.

"급격한 발달로 위아래도 없고, 지 잘난 줄만 알고, 역사도 모르고 선배도 모르는 나라이지 않습니까? 우리가 사는 대한민국은…… 게다가 앞으로 회사에는 베이비 버스터인가 뭔가가 또 들어온다면서요? 그런 나라에서 리더십은 뭔 필요가 있고, 교육은 뭔 필요가 있겠습니까? 그냥 되는 대로 사는 거죠. 뭐, 안 그렇습니까?"

농담이지만 듣고 보니 그런 생각이 들만도 했다. 하지만 내 답은 명확하다. 그날도 두 번째 시간에 똑같은 답을 하며 강의를 시작했다. 내 답은, "그래도 대한민국이 가장 희망이 있는 나라다"라는 것이다.

왜 그럴까?

그 답은 우리 주변을 조금만 둘러보면 찾을 수 있다.

첫째, 배려의 문화다.

우선 지금 당장 가까운 곳에 있는 동생, 후배, 부하 직원에게 질문 하나를 던져보자. 어떤 대답이 나오는가?

영어는 질문에 대답할 때 흔히 'Yes, I am', 'Yes, I can', 'Yes, I do' 라고 한다. 모든 인식, 판단, 행동의 근간에 '나(I)' 중심, 나 위주의 사고가 짙게 깔려 있는 것이다. 반면 우리는 어떠한가? 우리는 무언가를 대답할 때, '내' 가 아니라 '네' 라고 대답하는 민족이다. '알고 있는 것' 도 나고, '할 수 있는 것' 도 나고, '가지고 있는 것' 도 나지만, 우리의 대답은 언제나 '내' 가 아니라 '네' 이다. 아주 작은 단서이고 우연의 일치에 지나지 않아 보이지만, 이 작은 대답 하나에도 우리나라 사람들의 의식 저변에 깔려 있는 타인 위주의 사고, 타인에 대한 배려와 존중의 마음씨가 그대로 담겨있다.

이는 우리 어머니들의 어린 시절 교육에 힘입은 바가 크다.

따라야 따른다

다른 나라와 달리 우리나라 엄마들이 애기를 어르고 달랠 때 하는 말투를 잘 들어보면 거의 80% 이상이 의문형으로 이루어져 있음을 알 수 있다.

'어유~우리 애기 재미있어?' '우리 딸 배고팠지?' 같은 일상적인 의문부터 시작해서, '도리도리도리도리 까꿍?' 같은 아무 의미 없어 보이는 의성어 또는 의태어조차 상대방에 대한 의문형으로 이루어져 있다.

이는 자기 배로 낳은 자기 자식임에도 불구하고 놀아주면서 '즐거운지?'를, 밥 먹기 전에는 '배가 고픈지, 안 고픈지?'를, 재워주면서는 '졸린지, 안 졸린지?'를 끊임없이 묻고 배려해 주기 위해 애쓰는 엄마의 모습에서 우리나라 아기들이 타인을 배려하는 마음 씀씀이를 자신도 모르게 몸에 익히게 된 것이다. 물론 다른 나라 부모들의 대화 속에서도 일부 이런 식의 대화가 보이기는 하지만, 우리나라처럼 오랜 시간을 거쳐 대다수의 부모가 비슷한 패턴의 대화를 아기와 나누는 경우는 세계 어느 나라에서도 쉽게 찾아 보기 힘들다.

둘째는, 아직까지 남아있는 체면體面의 문화이다.

옛 우리 선조들은 체면과 염치를 우선시하여 그것이 훼손되는 것을 지극히 싫어했으며 심할 경우 그를 위해 자신의 목숨까지 버리는 '자발적 순교'를 감행했다는 것을 알고 있다. 그런데 그런 전통이 많이 사라졌다고 생각했는데, 보여지는 모습만 달라졌다 뿐이지 우리 젊은 세대까지도 그런 전통은 면면히 이어져 내려온 듯하다.

요즘 젊은 친구들이 부끄러운 일을 당하거나 실수를 했을 때 습관처럼 내뱉는 말이 있다.

'아, 가오 상해' 혹은 '아, 가오 죽네' 등의 말이다.

비속어인지 외래어인지 알 듯 말듯한 이 '가오' 라는 말은 얼굴顔을 뜻하는 일본어 카오かお에서 왔다는 것이 정설이다. 근본도 불분명한 쓰지 말아야 할 비어가 분명하지만, '가오가 상할 것' 을 걱정하는 젊은이들이 아직까지 많다는 사실은 역설적으로 한국이 아직까지 희망이 있는 나라라는 의미로 읽힌다. '가오가 상한다' 혹은 '체면을 구긴다' 는 말은 자기중심적인 것 같지만 지극히 타인중심적이며 타인의 심정을 배려하는 말이다. 타인에게 보이는, 타인에게 인식되어지는 내 모습이 어떠한지를 인식하고 있다는 것을 표현하는 말이기 때문이다.

젊은 계층의 소비 진작을 위한 핵심 키워드를 '나는 나' 식의 자기중심주의 또는 자기중심주의적 소비라고 판단하고 그를 부추기기 위해 혈안이 되어 있는 일부 매체와 광고주들 덕분에 마치 '베이비 버스터' 위주가 된 현재의 젊은 계층들이 남의 시선 따위는 전혀 신경을 쓰지 않는 천둥벌거숭이나 유아독존적인 존재라고 쉽게 오해를 받고 있지만, 실제 이들을 만나보면 '나는 나' 라고 외치

따라야 따른다

는 모습조차 전적으로 외부에서 보는 나의 '이미지(자유분방하고 스스로의 의사결정을 존중하는 사람이다는 식의)를 위한 선택인 경우가 많다. 아니, 모두가 이렇지는 않다고 해도, 최소한 우리의 젊은이들이 좌우 분별없고 타인의 존재 가치 자체를 무시하는 사람들은 아니라는 얘기다. '가오' 죽이는 방식으로 다그치지만 않는다면 말이다.

셋째로, 주인공에 익숙한 젊은 계층의 특징이다.

이제껏 우리나라는 세계 무대에서 경쟁하며 늘 자신도 모르게 주눅이 들거나 위축되어 자괴감에 빠지는 경우가 많았다. 분명히 잘하고 있고, 강한 것이 틀림이 없는데도 불구하고 뭔가 부족한 듯하고, 그들과 비교하면 왠지 보잘 것 없는 것 같다는 느낌에 스스로 저평가하고 소극적인 모습을 보이는 경우가 많았다.

하지만 새롭게 등장한 세대는 주인공이 익숙한 이들이다. 어려서부터 자기중심적으로 생각하며 자기 의지대로 살아온 것이 지나치게 강해서 때론 걱정되기도 하지만, 적어도 무대에 올려놨을 때 어느 구석에 처박혀서 부끄러워하며 떨고 있을거라는 걱정은 하지 않아도 되는 세대들인 것이다. 자신의 처지, 지위, 역할을 생각하지 않고 무작정 나서는 모습이 때로는 걱정도 되지만 그에 걸맞은 능력을 기르고 조금 더 시야를 넓혀서 무대와 그 무대에 선 다른 주연과 조연, 그리고 보이지는 않지만 그 무대 뒤에서 묵묵히 땀흘리면서 공연이 제대로 열리도록 기여하고 있는 이들에 대한 배려와 존중을 가르친다면, 그들은 이전 어느 세대보다도 더 적극적이고 자발적으로 자신이 몸담고 있는 무대를 위해 기꺼이 자신을 던질 것이다.

조금씩 희망이 보이지 않는가?

여러 가지 문제가 있을 수도 있고, 새로운 어려움이 닥칠 수도 있지만 한국은 분명히 현재 세계에서 가장 역동적이면서도 그 근본이 되는 훌륭한 정신세계가 살아 숨쉬는 희망 있는 나라임에 틀림없다.

다만, 지금처럼 단순히 상명하복上命下服을 강요하는 조직 구조나 리더에게만 모든 권한을 몰아주고 책임 또한 리더에게만 묻는 식의 조직운영, 내리사랑만을 강조하며 '앞에서 끌어주고 뒤에서 밀고' 하는 식의 상하관계를 최고라 손꼽는 조직문화 같은 '평평하지 않았던 세계'의 시대에 통했던 '리더십 만능' '리더십 중시'의 사고방식으로는 아무리 희망찬 대한민국이라도 분명 어려워질 것이다.

그러한 리더십 만능주의의 몰락은 여기저기서 감지되고 있다.

PART
3

리더십의 몰락과
팔로워십의 등장

followership

05

2등도 기억하는
세상이 오고 있다

|

FOLLOWERSHIP

그 많던 리더들은 다 어디로 갔을까?

몇 해 전 모 그룹 창업회장의 전기를 위주로 한 그룹의 사사社史
편찬 작업에 몸담았던 한 선배와 술자리를 한 적이 있다.

"요즘 어떻게 사세요?"라는 나의 일상적인 질문에 선배는 엉뚱
한 대답을 했다.

"응, 우주여행을 좀 했다가, 초능력으로 죽은 사람을 고치기도
하고, 역사상 위대한 위인들을 한자리에 모아 놓고 호통을 치기도
하면서 살고 있지."

술은 채 한 잔을 비우기도 전이라, 취해서 내놓은 대답도 아니었다.

"그게 무슨 말이냐?"는 내 물음에 선배는 남은 반 잔의 술을 털

어 넣고 자조적인 표정으로 답했다.

　나와 같은 대학의 국문과 출신으로 소설을 쓰고 싶었지만, 생계를 위해서 어쩔 수 없이 모 그룹의 홍보실에서 사보 담당 기자로 근무하던 선배는 그 그룹의 창업주 일대기 작성을 담당하게 되었다. 그런데 자신이 취재해 온 내용을 바탕으로 초고를 써서 홍보실장인 전무님께 보여드렸더니 단박에 "다시 써오라"며 퇴짜를 맞았다는 것이었다. 아무리 봐도 조금 손댈 부분이 있을지는 몰라도 이렇게 단 몇 줄 읽히지도 못할 졸작은 아니라는 생각이 들어 상사에게 무례한 줄은 알지만 "왜 다시 써야 하는지?"를 물었다고 한다. 그러자, 대답 대신 전무님은 자신의 캐비닛에서 다른 그룹의 사보 몇 권과 창업주들의 일대기를 다룬 자료 몇 권을 꺼내 읽어보라며 건네주더라는 것이었다.

　　'창업주가 태어난 경남 의령군⋯⋯(중략) ○○(창업회장의 호)은 어려서부터 불의를 보면 참지 못하는 성격이어서 자기보다 너댓 살은 많은⋯⋯(중략) 특히, 사물을 살피는 눈이 각별하여 동네 어른들도 차마 발견하지 못한 저수지 둑의 잘못된 구조를 찾아내어 마을을 홍수 피해로부터 벗어나게⋯⋯(후략).'

　　'△△(또 다른 창업주의 호)가 태어났을 때 어머니(○○○여사)는 태산이 흔들리고 온 마을의 짐승들이 다 짖는 듯한 소리를 들었다고 한다. 그래

　　　　　　　　　　　　　　　　　　따라야 따른다

서일까, 어려서부터 △△의 곁에는 항시 사람이 들끓어서 그보다 몇 살 위의 동네 형들도 오히려 그를 대장으로 삼고 그의 뒤를 따랐으며, 그의 말 한마디를 다른 여느 어른의 말씀보다도 더 어렵게 알 정도였다고 한다. (후략)'

"도대체 뭔 놈의 재벌 회장들은 어린 시절부터 동네 어른이었고, 맞아도 맞아도 울지 않는 깡다구의 화신이며, 무슨 초능력이 있는지 못하는 일도 모르는 것도 없는 사람들인지. 다른 재벌 회장에게 꿀리지 않으려면 별 수 있냐. 우리 창업주는 우주에서 왔다든지, 아픈 이를 낫게 하는 신묘한 능력이 있다든지, 안창호, 안중근 선생이랑 형님, 동생 하던 사이라고 하든지 해야지."

자신이 맡고 있는 작업의 어려움에 대한 자조적인 표현이었다. 그러고 보면 표현만 조금씩 다르다 뿐이지 예전에 출간된 대부분의 창업주 일대기나 사사는 대부분 비슷한 내용을 담고 있었다.

그런데 얼마 전 이 선배를 다시 만날 일이 있었다. 근황을 묻는 나의 질문에 선배는, "응, 죽었던 사람을 다시 살려내서 청년으로 거슬러 올려보내서 요즘 친구들과 펜팔을 시키고 있지"라며 껄껄 웃는 것이었다. '그게 무슨 말이냐?'는 표정으로 쳐다보고 있자 선배는 이렇게 말했다.

"요즘 회사 홈페이지에 사이버 박물관을 만들어서 창업하던 시절의 젊은 모습으로 형상화한 창업주의 아바타가 박물관을 방문한 관람객들에게 직접 자신의 창업 목적과 경영이념, 어린 시절의 추억 등을 설명하는 방식으로 운영하고 있거든. 관람객들의 질문에 일일히 댓글 달아주고 답메일 보내주느라 아주 죽겠다, 죽겠어."

전에 창업주 일대기랑 사사 출간하려고 작업하던 것은 어떻게 됐냐고 묻자, "한 1,000부쯤 찍어서 돌리다가 창업주의 아들인 현회장이 최신 트렌드에 맞지 않고 내용이 진부하다며 슬그머니 폐기하도록 했다"는 것이었다.

그러고 보니 언제부터인가, 비단 이 선배가 몸담고 있는 그룹 뿐만이 아니라 다른 기업들에서도 이런 류의 이야기들이 자취를 감추기 시작했다. 아니, 몇 차례 더 등장은 했지만, 그를 받아들여야 할 직원들이나 일반 독자들로부터 철저하게 외면을 당하고 그대로 매장돼 버린 경우가 대부분이다.

우리 사회에서 그런 변화는 언제부터 시작되었을까?

이제 신화는 더 이상 없다

1987년 11월로 기억한다.

세간에 '돈' 병철로 불리며 현대그룹의 창업주 정주영 회장과 더불어 '돈 많은 재벌'의 대명사로 거론되던 삼성그룹의 창업주 이병철 회장이 지병으로 사망했다는 뉴스를 접한 나는 하늘이 무너지는 것 같은 충격을 받았다. 나나 다른 가족이 삼성에 근무하는 것도 아니고, 설혹 삼성에 근무한다고 하더라도, 이병철 회장 한 사람 사망한 것에 대해 '하늘이 무너지는 것' 같은 충격을 받을 만한 일은 아니었다.

하지만 그때 나는 어린 소견에 이런 생각을 했다.

'이병철 씨가 사망했다. 그런데 후계자인 아들은 아직까지 너무 젊다. 아! 그러면 삼성이 많이 흔들리겠구나. 우리 경제도 휘청하겠구나. 그럼 우리집도 휘청하겠구나. 다음 달에 자양국민학교(당시 표기 방식에 따라) 녀석들이랑 축구시합 앞두고 유니폼 맞추기로 했는데 그 돈 달라는 얘기를 엄마한테 어떻게 하지?

뭐 이런 말도 되지 않는 생각을 거듭하며 혼자 낙담했었던 어린 시절이 기억난다.

하지만 과연 그때 초등학교 6학년이던 어린 나만 그런 생각을 했을까?

내 기억에는 방송사의 중계차가 이병철 회장의 자택 앞에 진을 치고 서서 거의 실시간으로 사망 사실을 보도하며 향후 삼성그룹과 국내 경제에 미칠 영향 등에 대해 속보성 기사를 쏟아냈던 걸로 기억한다. 그리고 내 주변의 어른들도 나 못지 않게 심각하게 그 뉴스들을 지켜보며 삼성그룹의 미래와 서울올림픽을 얼마 앞둔 한국 경제에 미칠 영향 등에 대해 깊은 한숨과 함께 큰 걱정을 하셨었다.

다시, 그로부터 10여년이 지난 1998년 8월.

이번에는 전직 대통령의 사돈이자 섬유산업 중심 기업을 형으로부터 이어받아 정보통신, 석유화학 등을 포함한 거대 기업군으로 키워낸 SK그룹의 최종현 회장이 지병으로 사망했다. IMF의 시련을 조금씩 극복하고 있는 상황에서 5대 그룹 안에 드는 거대 기업군을 수십 년간 경영해 왔던 경영자의 죽음은 그 자체로 커다란 뉴스가 됐지만, 87년의 그것만큼은 아니었다.

그리고 다시 2001년 3월.

이번에는 한국 기업 역사에 있어 가장 큰 획을 그은 장본인이고, 해방 이후 한국이 가난을 극복하고 선진국들과 어깨를 나란히 하는 반열에 오르게 된 그 역사를 압축해 놓은 듯한 삶을 살았던 현대그룹의 창업자 정주영 회장이 사망했다. 역시 각 방송사에서 많은 관심을 보였지만 그들은 기업을 물려받게 될 후계 구도와 그들 간에 주도권을 두고 일어난 세칭 '왕자의 난'의 결과에 더 큰 관심을 보였다.

전체적으로 보면 기업 최고 경영자의 유고에 대한 반응들은 점차 줄어들고 있다.

물론 현재도 스티브 잡스와 같은 스타 경영자의 존재 유무에 따라 기업의 주가가 출렁이고 세칭 '최고 경영자 효과'라고 해서 경영자의 진퇴 여부가 해당 기업의 이미지에 큰 영향을 미치는 경우가 있기는 하다. 하지만 전반적으로 리더 1인에게만 국한되었던 관심이 점차 그 기업 혹은 조직 전체의 역량, 조직 내외의 분위기, 조직 구성원들이 보유하고 있는 문화의 변화에 대한 관심으로 변화해 가고 있다.

한마디로 '1등만 기억하는 세상'은 점차 사라져 가고 있는 추세이다.

대신 그러한 1등을 만들어낸 전반적인 조직의 분위기, 그런 1등을 만들어내기까지 공헌했던 수많은 하부 구성원들에 대한 재인식이 강조되는 시대가 도래하고 있다. 그와 동시에 소수의 리더에게만 집중되던 과한 관심이 이제는 다른 쪽으로 옮겨가고 있다.

절대적이며 독자적인 신화 속의 리더와 리더십의 시대는 지나가고 있는 것이다.

과거에 우리는 리더라고 하면 – 수많은 회사들이 자신들의 창업주에 대한 일대기를 편찬할 때 써먹었던, 그리고 어린 시절의 내가 생각했던 – 뭔가 초월적이고 막강한 존재를 생각했었다. 카리스마 넘치고 일반인들의 상상의 범주를 벗어난 영역에서 초인적인 능력을 발휘하는 존재가 가장 탁월한 리더이며, 그들이 발휘하는 것이 최고의 리더십이라고 생각했던 것이다.

왜 그랬을까?

수십 년 전, 미국 메릴랜드 대학의 번스James Macgregor Burns교수는 연구를 통해 '변혁적 리더십Transformational Leadership' 이론을 제시했다. 그는 이 이론에서 기존의 리더십과 달리 앞으로 각광받을 리더십은 리더가 부하들에게 일정 목표 수준 이상의 어려운 과제물을 부여하되 그 목표의 중요성을 부하들에게 지속적으로 인식시켜줌으로써 그들이 사소한 자신의 이익보다는 숭고한 사명감을 바탕으로 조직 전체의 이익을 위해 일하게 만드는 리더십이라고 했다. 그러한 리더십이 정상적으로 발휘되면 부하들은 매슬로우의 욕구이론 중 가장 낮은 단계인 1단계 '생리적(의식주 충족의) 욕구'에 머물러 있다가 갑작스럽게 상위 단계인 4단계 '존경 욕구' 또는 5단계인 '자아실현의 욕구'로 이동하게 된다고 한다.

월급 차이 때문에 이직을 고민하던 사람이 적은 월급에도 불구하고 매우 만족하며 열심히 일하는 경우가 있는데, 늘 그런 것은 아니지만 대부분 그와 함께 일하는 리더가 이러한 변혁적 리더십에 매우 능한 사람인 경우가 많다.

우리가 리더를 뭔가 다른 초월적인 존재로 인식하고 그런 존재감에 걸맞은 능력을 발휘해야 진정한 리더라고 생각하게 된 원인이 여기에 있다. 우리나라의 경우 과거 6,70년대의 고도성장기에 여러 내외적 요인들에 의해 앞서 말한 변혁적 리더십 또는 그와 유사한 리더십을 발휘한 이들이 많았다.(물론, 번스 교수가 변혁적 리더십 이론을 발표한 것은 1980년대 이후이지만)

젊은 이명박에게 회사를 맡기고, 중동의 건설 현장을 지휘하도록 했던 정주영 회장이 그러했고, 성평건 기흥반도체 건설본부장에게 6개월만에 64K DRAM 생산공장을 짓도록 했던 이병철 회장이 그러했다. 이명박과 성평건은 자신의 안위나 급여, 안락한 가정생활 등은 안중에 없이 오직 '내가 이 회사를 살리고, 이 산업을 살리고, 이 국가를 살린다' 는 숭고한 사명을 부여받았다는 생각에 밤낮없이 뛰고 또 뛰었고, 결국 놀라운 성과들을 이뤄낼 수 있었다.

그때는 그래야 했다. 아무것도 없는 나라에서 무언가를 만들어내려면 일반적인 수준의 사람들로는 불가능했다. 비범한 사람이 나서서 상식을 뛰어넘는 영향력과 지도력을 발휘해야 했다. 그리고 나머지 사람들은 그를 따랐다. 그런 사람들을 통해 비범한 리더는 더욱더 비범한 리더가 되었고, 결국 대한민국의 성공과 더불어 그들은 신화가 되었다.

하지만 이제 그런 신화는 더 이상 없다. 신화 속 리더 몇몇에 의지하기엔 대한민국은 너무도 큰 나라가 되었고, 한국의 기업, 학교, 공공기관 등도 세계인들 앞에 활짝 열린 조직이 되었다.

대신 새로운 유형의 리더들이 뜨고 있다.

부하들을 자신의 업무, 영역, 분야에서의 리더로 키워 멋지게 활약하게 만드는 팀장, 자신의 기업이 고객을 리드하기보다, 고객이 자신의 기업을 리드하도록 열린 경영을 하는 경영자, 영광의 순간에 앞장서서 스포트라이트를 받기보다 무대 뒤에서 힘껏 박수쳐주고 후배들을 진심어린 가슴으로 안아주는 선배. 바로 이들이 역사의 주인공으로 부상하고 있다.

그리고 그런 리더들에 의해 길러진 부하, 고객, 후배들이 새로운 계층을 형성하며 새로운 환경을 만들어내고 있다.

리더십의 신화는 몰락했지만, 이제 새로운 신화의 주인공들이 급부상하고 있다.

몰락하는 모든 리더십

이제 절대적이거나 독보적인 리더십이 각광받는 시대는 지나고 오히려 리더와 리더십의 영향력이 날이 갈수록 줄어드는 말 그대로 리더십 몰락의 시대가 도래한 듯하다.

이러한 리더십의 몰락이 조직 내에만 국한되는 것은 아니다. 사회 전 범위에서, 그리고 사람과 사람간의 관계에서만이 아니라, 사람과 조직, 조직과 조직, 유형과 무형, 전체와 부분, 하드웨어와 소프트웨어, 큰 것과 작은 것 등의 관계 모든 부분에서도 무너져 내리고 있다.

지난 2009년 1월 15일.

공군 장교 출신으로 40여 년간 다양한 비행기를 조종한 경험이 있는 베테랑 조종사였던 체슬리 슐렌버거Chesley B. Sully Sullenberger III 기장은 150여 명의 승객을 태운 에어버스 320 항공기를 몰고 뉴욕 라과디아 공항을 이륙하여 노스캐롤라이나의 샬럿으로 향했다.

따라야 따른다

소수의 리더에만 집중되던 과한 관심이
이제는 다른 쪽으로 옮겨가고 있다.
절대적이며 독자적인 신화 속의 리더와
리더십의 시대는 지나가고 있는 것이다.

그런데 이륙 후 얼마 지나지 않았을 때 비행기 근처를 날아가던 새 두 마리가 비행기 양쪽 날개에 붙어있던 엔진 룸으로 빨려 들어가버리고 말았다. 원래 에어버스 320 기종은 한쪽 엔진이 멈춰도 다른 엔진만으로 일정시간 이상 비행을 할 수 있도록 설계되어 있었으나, 양쪽 엔진이 모두 멈춰버리는 초유의 사고가 벌어진 것이었다.

잠시 고민에 빠졌던 기장은 베테랑 조종사답게 신속하게 사태를 파악하고 일단 비행기의 기수를 틀고 관제탑과 교신을 시작했다. 교신 결과 출발한 라과디아 공항으로 되돌아가기엔 너무 거리가 멀리 떨어져 있었고, 가장 가까운 테터보로 공항은 에어버스 320과 같은 중대형 제트기가 착륙하기 불가능한 구조였다. 이미 비행기의 고도는 더 이상 시간이 없음을 알 수 있을 만큼 낮아져 있었다. 기장은 더 망설이지 않고 가까이 흐르고 있던 허드슨 강에 착륙을 하기로 했다. 왼쪽으로 급선회하며 고도를 낮춘 비행기는 다시 한 번 급격하게 고도를 낮추며 허드슨 강을 가로지르는 조지 워싱턴 다리 위를 불과 몇 미터 차이로 지나쳐 강물 위에 무사히 착륙했다. 진짜 기적은 그 다음부터 일어났다. 146명의 승객들은 갑작스러운 불시착에 놀라 엄청난 혼란에 빠져들었을 만도 한데, 어느 누구 하나 동요하지 않고 차례를 지키며 노약자와 여성부터 구조를 시키고 마지막 순간까지 질서와 침착함을 잃지 않는 모습을 보였고, 마침내 단 한 명의 사망자 없이 강물에 반쯤 잠긴 비행기로부터 대피

하는 데 성공했다. 그들의 당시 모습은 전 세계로 알려졌고, 사고 순간 침착하게 비행기를 조종한 슐렌버거 기장과 질서를 지키며 무사히 빠져나온 승객들은 금융위기로 실의에 빠져있던 미국인들에게 '자부심과 불굴의 의지, 그리고 시민의식'을 고취시켜 준 영웅으로 칭송 받게 되었다.

여기서 중요한 것은, '허드슨 강의 영웅들'의 활약상을 최초로 세상에 알린 존재이다. 그것은 ABC도, NBC도, 블룸버그도 아니었고, 뉴욕 타임스나 월스트리트 저널도 아니었다. 처참한 참사로 끝날 뻔한 비행기 추락사고를 '용감한 영웅(기장)'과 그를 믿고 따른 '위대한 시민의식(승객)'에 의한 감동적인 '미국적 영웅 스토리'로 만들어 준 저널리스트는 다름아닌 트위터Twitter를 이용하던 한 뉴욕 시민이었다. 길을 가다 굉음을 내며 추락한 항공기와 그 항공기에서 기적처럼 질서정연하게 탈출하는 승객들을 발견한 그 시민은 아이폰으로 그 모습을 찍어 자신의 트위터에 올렸고, 그 내용은 삽시간에 그의 팔로워들을 통해 리트윗Re-Twitt되기 시작했다. 그가 전한 생생한 현장 사진은 뉴욕, 미국은 물론 전 세계의 트위터리안 Twitterian들을 통해 퍼져 나갔다. 유명 방송국의 기자가 전한 뉴스가 아니었는데도 누구도 그 소식의 진위를 의심하거나 정보로서의 가치를 폄하하는 이는 없었다.

비단 이 사고 뿐만이 아니라, 최근 우리 주변에서도 유수의 언론 매체보다 훨씬 더 신속하고 때로는 심도 있게 취재한 결과를 알려

주는 영향력 있는 개인 매체(트위터, 블로그 등)들이 늘어나고 있다. 심지어 이들의 뉴스를 그대로 받아서 보도하는 공중파 방송이나 신문, 잡지사들까지 있을 정도이다. 더 이상 일부 대형 언론매체에서 뉴스를 독점하거나 그들의 편집과 서술 방향에 따라 뉴스를 인식하고 받아들여 소비하는 형태가 아니라 때로는 뉴스의 소비자들이 언론 매체를 리드하는 경우가 곳곳에서 벌어지고 있는 것이다.

지금 이 글을 쓰는 순간에도 모 공중파 TV에서는 인터넷 검색어 순위를 통해 인터넷 사용자들이 관심 있어 하는 뉴스 이슈를 재언급하는 내용을 뉴스에 내보내고 있다.

20세기 후반에 등장한 인터넷이라는 새로운 문물의 활약 덕분에 벌어지고 있는 현상이다.

인터넷의 가장 큰 특징 중 하나는 익명성이다. 그러한 익명성에 의해 발생하는 현상 중 가장 대표적인 것이 속칭 '계급장을 떼는' 현상이다. 그 현상은 과거 1인 1표제를 기본으로 하는 평등선거가 도입될 때 귀족이나 부유한 자본가들이 느꼈던 충격 이상의 파급력을 몰고 오고 있다.

몇 년 전 한 지방 자치단체에서 외곽 순환도로를 신설하게 되었는데, 그 경유지를 결정하는 문제를 두고 그 자치단체를 삼분하는 세 지역 중 A군 주민들과 B군 주민들이 첨예하게 대립했던 적이 있었다. 결국 상대 지역에 대한 감정적인 비방과 혹평이 이어졌고, 마침 다음 총선에서 그 자치단체를 대표하는 국회의원으로 A군 출

따라야 따른다

신이 당선되면서 도로는 A군 지역을 주로 통과하는 것으로 결정이 기울게 되었다. 이로 인해 해당 도로의 이해 당사자인 지역 주민들간의 감정의 골은 더욱 더 깊어졌다. 해당 지역 인근에 위치한 한 국립대학교의 도시공학과 교수였던 C박사는 이를 보다 못해 지역 유력지에 전문가 기고문을 올렸다고 한다. 내용은 해당 도로는 이용자 수, 차량 흐름, 도로 주변의 지반 강도 등등을 고려했을 때, A군 지역을 통과하는 것이 맞다는 의견이었다. 지역 관공서에서 발간한 백서의 내용과 자신이 26년간 연구한 경험 및 각종 데이터 등을 일목요연하게 인용하여 작성한 기고글이었기에 C박사는 물론, 지역 신문사나 다른 동료 교수들도 타당한 주장이라고 평가했다. 그런데 사건은 엉뚱한 곳에서 터졌다.

한 네티즌이 C박사와 A군 군수가 테니스를 치는 사진을 B군 지역민들이 주로 가입한 인터넷 카페에 올린 것이었다. 그리고는 그 밑에 '테니스 친구끼리 밀어주고 당겨주고, 그래서 외곽 순환도로는 A군 통과로 확정!'이라는 제목을 달아놓았다. 그 글에는 삽시간에 수십 개의 댓글이 달렸다. 주된 내용은 C박사와 A군 군수의 관계에 대한 의심이었고, C박사의 기고문은 일방적인 A군 편들기에 지나지 않는다는 얘기였다. 그러자 갑자기 외곽 순환도로의 B군 통과 당위성을 주장하는 글들이 잇따랐다.

C박사는 억울했다.

해당 테니스 대회는 A군와 B군이 속해 있는 D시의 시장이 공무원과 인근 대학, 지역주민 대표 등을 초청해서 개최한 대회였고 A군 군수는 상대편 선수였으며 정작 사진에는 안 나왔지만 C박사와 같은 편으로 복식에 나선 것은 B군 군수였기 때문이었다. 하지만 그런 정황 설명은 어떠한 관심도 얻지 못했다. C박사는 이런 얼토당토않은 이야기로 외곽 순환도로의 A군 통과 당위성과 경제성에 흠집이 나서는 안 된다고 주장했지만, 이미 여론의 분위기는 C박사가 A군 군수와 모종의 관련이 있고, 따라서 그의 이야기는 모두 'A군 편들기'에 지나지 않는다는 쪽으로 기울었다.

테니스 대회를 주관한 D시 관련 공무원의 상황 설명도 먹히지 않았다. 중학교 때 테니스 선수 생활을 조금 했다는 한 네티즌이 '복식 경기의 경우 저 위치에서 공을 치지 않는다. 저건 분명히 A군 군수와 단둘이 친 단식경기일 것이다'라는 근거 없는 글을 올리자 이에 밀려 전혀 여론의 관심을 끌지 못했다. 그뿐이 아니었다. (명백한 허위사실이었지만, 어찌되었든) 도덕성에 대해 한번 신뢰받지 못한 C박사의 학문적 주장들 역시 학문적 소양이나 객관적 정보의 유무, 관련 분야에 대한 연구 경험 등에 대해 전혀 알지 못하는 이름 모를 네티즌의 댓글만도 못한 취급을 받았다. 수리 분야에 관한 오랜 연구결과를 바탕으로 한 지반침하 우려에 대해서도 건설회사 시공부서에서 근무한 적이 있다는 한 네티즌이 '내가 저런 곳에 여러 번 공사해 봤는데 절대 문제없다. 내일이라도 내가 당장 증명해 보이겠다'는 주장을 하자 힘 한번 제대로 못 쓰고 밀려나 버렸다.

　　　　　　　　　　따라야 따른다

대학에서 토목공학을 전공하고 영국 유학을 다녀와서 도시공학 박사학위를 딴 후 대학에서 학생들을 가르치며 연구한지 수십 년이 지난 교수의 말 한마디와 이름없는 네티즌의 한마디가 동일한 무게를 갖는 시대가 도래한 것이다.

이처럼 '언론, 학계의 견해'와 '여론' 사이에 형성되었던 위계, '언론, 학계'가 일반 대중에게 발휘했던 '지성知性의' 리더십이 변화하고 있다. 이러한 사실이 옳다 그르다를 이야기하고자 함이 아니다. 우리가 이곳에서 옳다고 하건, 잘못된 현상이라고 하건 간에 이미 이러한 현상은 이곳저곳에서 현실로 나타나고 있다.

뿐만 아니다. 국가와 국민 사이에 형성되었던 위계, 국가가 국민에게 발휘했던, 그리고 국민이 국가에게 기대했던 리더십 또한 변화하고 있다.

미국의 제35대 대통령이었던 케네디John F. Kennedy가 1961년 대통령 취임식에서 "국가가 나를 위해서 무엇을 해줄 것인가를 묻기 전에, 내가 국가를 위해서 무엇을 해 줄 수 있을 것인지를 물어라"라는 연설을 하고, 이 말이 자유민주주의 세계에서 유행어처럼 퍼진 이후, 국민 주권이라는 듣기 좋은 단어가 명백히 존재함에도 불구하고 국가와 국민간의 위계는 확실하게 국가가 우위를 점하게 되었고, 국가가 국민에 대해 리더십을 발휘하는 것도 당연한 것으로 여겨져 왔다. 하지만 현재도 그럴까? 그리고 미래에도 그럴 수 있을까?

2011년 초, 한 사업가에 대한 기사가 주요 일간지를 통해 보도된 일이 있었다. 해외에서 더 인정받는 선박 임대 기업의 창업자이자 최고 경영자였던 그 사업가가 국세청으로부터 세금 포탈 혐의로 어마어마한 세금을 추징당했다는 기사였다. 해외에 서류 상으로 회사만 차려놓고 실제 본사 운영과 주요 영업활동은 한국에서 했음에도 불구하고 한국 정부에 제대로 세금을 납부하지 않았으므로 그간 내지 않은 각종 세금을 내야 한다는 것이 추징의 이유였다.

놀라웠던 것은 억울함을 호소하는 그 사업가의 반박 인터뷰 내용이었다. 오히려 자신은 한국에서 수많은 배를 사주고 있으므로 한국 산업 발전에 지대한 기여를 한 애국자라는 주장이었다. 그리고 그 기사 밑에는 수많은 네티즌이 댓글을 달았는데, '탈세한 주제에 무슨 궤변이냐?'는 의견이 많았지만, 뜻밖에도 '국가가 해준 게 뭐 있다고 열심히 사업하는 사람 세금 못 때려서 안달이냐?'는 의견들도 상당수 있었다. 국가와 국민 사이의 위계, 국민에게 발휘하는 국가의 리더십에 대한 인식들이 확실히 변하고 있음을 보여주는 사례라고 할 수 있다. 국민의 도리로 당연히 납부해야 하는 숭고한 의무였던 세금이 이제는 국가가 안전한 삶을 보장해주고 해외 기업, 국가 등과 거래를 하는 데 있어 지원센터로 서비스 제공을 한 것에 대한 금전적 대가 정도로 인식이 변하고 있다. 국적을 바꾸는 것보다 학적을 바꾸는 것을 더 큰일로 알고, 국적을 옮기는 것보다 직장을 옮기는 것이 본인의 삶에 훨씬 더 큰 영향을

따라야 따른다

미친다고 생각하는 것이 요즘 대부분의 젊은 국민들이다. 국가는 국민을 선택하면 안 되지만, 국민은 국가를 선택할 수 있다고 생각하는 사람들에게 국가가 국민에 대해 발휘하는 리더십을 이야기하고 그를 따르라고 이야기하며 'P세대Patriotism Generation'니 뭐니 하는 이름표를 붙여서 획일화 시키는 것은 시대를 몰라도 한참 모르는 사람들의 이야기로밖에 들리지 않는다.

우리가 사는 지금 이 시대는, 그야말로 고정적인 리더십, 일반적인 리더와 리더 아닌 이와의 관계 자체가 없어진 시대가 되어 버렸다.

자, 그럼 앞으로 우리는 어떤 길로 가야 하는가?

06

팔로워십이
구조선_{ship}으로 등장하다

FOLLOWERSHIP

공작상가 아줌마는 전단지를 주지 않는다.

여의도에 가면 유명한 상점가가 하나 있다. 지하철 5호선 여의나루역에서 MBC 본사 앞으로 쭉 뻗은 길에 자리잡은 이 상점가는 통상 좌측의 공작상가와 우측의 서울상가, 이 두 개의 건물로 이뤄져 있지만, 왠지 근처 직장인들은 "공작상가에서 한잔 하자!"라는 이야기는 해도 "서울상가에서 한잔 하자!"라고는 하지 않는다.

아무튼, 이 공작상가(여기서는 서울상가까지 포함하여)는 주차시설 조차 없는 낡디 낡은 지상 2층 지하 1층짜리 건물에 지나지 않지만, 주변에 위치한 LG그룹, 한전 지역본부, MBC 문화방송 근무자들이 점심 식사와 저녁 회식 자리로 애용하면서, 근처에서 가장 장사

따라야 따른다

잘 되는 상점가의 자리를 꾸준히 지켜왔다. 그러다 보니 별다른 식당 홍보나 모객 행위를 하지 않고도 식당은 늘 줄을 서서 기다려야 할 정도로 인기가 있었다.

하지만 영원히 상권을 독점할 것 같았던 공작상가의 아성은 주변에 새롭게 지어진 건물마다 문을 연 지하 식당가의 등장으로 흔들리기 시작하더니 다른 몇 가지 원인이 겹치면서 매출이 급감했다. 이에 다급해진 업주들은 너나 할 것 없이 식당 홍보 전단지를 만들어 돌리기 시작했다. 특히 새로 문을 열어서 기존에 확보한 단골이 없는 식당의 경우, 초기부터 열을 내서 식당 홍보물을 만들어 돌렸다. 그런 홍보물을 돌리는 것은 그 일을 전문적으로 하시는 아주머니들이 맡았다.

그런데 그 아주머니들 가운데에서도 고참 격인 한 아주머니에 따르면 홍보물을 막 돌리는 것 같아도 시대에 따라 나눠주는 요령이 변했다고 한다. 몇 년 전, 아주머니가 처음 이 일을 할 때만 하더라도 홍보물을 주는 주요 대상은 식사를 하러 나온 무리 중 맨 앞이나 뒤에서 무게를 잡으며 걸어가는 가장 나이 들어 보이는 신사였다고 한다. 대개 그런 사람들이 부문의 장이나 임원일 가능성이 제일 높았고, 메뉴나 업소 선택권도 그들에게 있었기 때문이다.

조금 시일이 지나고 아주머니들은 나이 들어 보이는 신사 대신에 그의 좌나 우, 혹은 앞 아니면 뒤에서 그를 보좌하며 걸어가는 팀장이나 부문의 차석급을 집중적으로 공략하기 시작했다. 부문장이나 임원, 최고 경영자들이 메뉴나 업소를 정하고 우르르 사람들을 이끌고 가는 것이 다소 고압적인 모습이라 생각하게 되면서 자신의 아랫사람에게 그런 결정권을 이양해 주는 것을 선호하면서부터 생긴 변화였다. 따라서 "상무님, 오늘은 갈치조림이나 드시죠?"라고 말할 수 있는 팀장급 관리자들이 아줌마들의 주요 홍보 대상이 되었다.

하지만 요즘은 아예 그 대상이 완전히 바뀌었다고 한다. 식사를 하러 움직이는 무리 중 가장 어려 보이는 직원이나 여직원들이 아주머니들의 주요 홍보 대상이 되었다고 한다. 부문장들도 "오늘은 OO나 먹으러 가지"라고 하기보다는 "오늘 뭐 먹을까?"로 묻는 것을 원만한 리더십의 전형적인 행동으로 여기는 분위기이고, 부하 직원들도 "상무님 드시고 싶은 걸로 하시죠", "부장님이 정하시죠"라고 하던 분위기에서 "상무님 오늘은 OOO 먹으러 가요"라거나, "부장님 여기 새로 생겼다는데 가 보실래요?"라고 하는 것이 자연스러운 분위기가 됐다는 것이다.

사무실 밀집지역에서 음식점 홍보 전단지를 나눠주는 아주머니들조차 느낌으로 간파하고 있을 정도로 이제는 이러한 형태의 영향력 발휘가 당연시되고 있다.

그렇다면 단순히 점심 메뉴를 정하는 일에만 이러한 영향력이 발휘되고 있을까?

작게는 가정 생활에서만 보더라도 고압적인 영향력을 발휘하는

따라야 따른다

가장이 다스리는 일부 가정을 제외하면 대부분의 의사결정 권한은 아내 또는 어린 자녀들에게 있는 것이 사실이다.

가정에서의 리더는 어디까지나 일부 편모 가정을 제외하면 아버지라는 점에 대해서는 이견들이 별로 없지만, 모든 의사결정과 판단이 리더인 아버지에 의해서만 이뤄지는 것에 대해서는 많은 이견이 있다. 심지어 그런 가정에 대해 '문제 있는 가정'이라고 생각하는 이들도 많다. 외식을 하러 갈 때나 가족 여행지를 결정하는 사소한 선택에서부터 시작해서 가족이 타고 다닐 자가용을 구입하거나 살 집을 구하는 문제에 있어서까지 아버지나 남편 혼자서 결정하는 경우는 거의 없다. 계약서에 찍을 도장은 가장에게 있지만, 어느 회사 차의 계약서, 어느 아파트의 계약서에 도장을 찍을 것인지는 다른 가족들의 의견과 주장에 좌우되는 경우가 많다.

기업활동에 있어서도 마찬가지이다. 최종 의사결정이야 팀장, 부문장, 부서장, 공장장, 사장, 회장 등 '장長'이라는 타이틀이 붙은 리더들이 하게 되지만, 모든 의사결정이 100% 이들에 의해서만 판단되고 결정 내려진다고 믿는 사람들은 이제 더 이상 없다.

과거 납품업체나 하청업체에서 원청기업으로부터 일거리를 받거나, 부품 납품계약을 따내기 위해서 원청기업의 경영자나 고위층에 로비를 하는 것이 당연시 되던 때가 있었다. 하지만 (물론 지금도 그런 일이 벌어지고 있는지는 잘 모르겠지만) 이제는 '고위층'에 대한 설득 활동보다는 실제 해당 계약의 가장 실무를 맡고 있고 내용에 대해서 잘 알고 있는 담당자에 대한 설득 활동이 훨씬 강화되고 있다. 의사결정은 고위층에서 하지만, 그들이 단독으로 의사결정하는 경우는 거의 없고 대부분의 경우 실무자들이 작성한 의견서를 토대로 결정된다는 것이 상식이 되어가고 있기 때문이다.

작게는 가정사부터 크게는 기업활동과 국가 운영에 이르기까지 더 이상 리더의 결정이나 리더십에만 의존하지 않고 리더가 아닌 다른 사람, 그리고 그가 발휘하는 영향력과 기능에 대해 세상이 눈 뜨기 시작했다.

리더와 리더십에만 철저하게 의존하다가 뼈아픈 실패를 맛본 사람들을 시작으로 그를 대체하고 보완해 줄 새로운 사람이나 새로운 힘과 영향력을 찾는 활동의 결과 우리는 이제 새로운 형태의 리더십에 대해 눈을 뜨기 시작했다.

그것이 바로, 팔로워십Followership이다.

팔로워십이 왜 이렇게 각광을 받을까?

그렇다면 팔로워십이 왜 이렇게 '갑자기', '전 세계적으로' 각광을 받게 되었을까?

답을 하기 전에 이 물음은 기본 전제부터 잘못되었다.

팔로워십이 '전 세계적으로' 각광을 받은 것은 '갑자기'가 아

따라야 따른다

리더에게만 철저히 의존하다가
뼈아픈 실패를 맛본 사람들은
그를 대체하고 보완해 줄
새로운 형태의 리더십에 대해
눈을 뜨기 시작했다.

니다.

이미 우리는 오랜 역사를 두고 팔로워십의 등장과 그 영향력의 확대를 목격해 왔다.

1688년 영국의 명예혁명, 1789년의 프랑스 대혁명, 1776년 미국의 독립, 1975년 마이크로소프트의 창립 등 세상의 판도를 바꿔 놓았던 역사적인 사건들 모두가 탁월한 몇몇 개인의 리더십 발휘에 의해 대중이 움직인 결과물이라고 생각할 수 있겠지만, 다시 하나씩 되짚어 보면 이들은 모두 팔로워들의 열망과 의지가 능력 있는 리더들을 '그들(팔로워들)'이 원하는 방향으로 움직이도록 강요한 결과에 의한 것이라고 보아도 무방하다. 역사에 길이 남을 혁명가의 명 연설이라는 것도 알고 보면 당시 시중에 떠돌던 각종 유언비어나 대중의 열망이 담긴 구호에서 따온 문구의 조합에 지나지 않는 경우가 허다하다.

다만, 최근 들어 앞서 말했던 것과 같은 사회적 변화의 영향으로 너무 자주, 너무 많이, 너무 폭넓게 리더십을 대체 혹은 보완할 영향력의 필요성에 대한 논의가 이루어지면서 팔로워십이 폭발적으로 각광을 받는 것으로 보여질 뿐이다.

사실 리더십과 관련한 문제가 발생하던 초기 무렵만 하더라도 사람들은 그것을 무조건 리더 개인의 자질 문제에 국한하려는 성향이 강했다. 그래서 몇 년, 짧게는 몇 개월을 주기로 여러 가지 리더십에 관련된 진단, 교육, 평가, 육성 등의 프로그램이 나왔다가

따라야 따른다

소리없이 사라지곤 했다. 지금도 우리 기억 속에 있는 '360도 리더십 다면 평가'니, '칭기즈칸 리더십'이니, '서번트 리더십'이니 하는 것들이 그것이다. 하지만 그렇게 리더에 대해서 평가하고 교육시키고 했음에도 불구하고 리더십에 관련한 여러 가지 문제나 조직 구성원과의 트러블 등은 해결되지 않았고, 그러자 사람들의 관심은 '리더 1인'에 대한 문제에서 '리더와 나머지 구성원간의 관계' 문제, 속칭 리더와 구성원간의 '궁합 문제'로 옮겨가기 시작했다. 불과 몇 년 전까지만 해도 무슨 무슨 조직문화 프로그램이다, 팀웍 향상과정이다 해서 입소하면 꼭 한 번씩 하게 되는 'MBTIMyers-Briggs Type Indicator'니, 'DISCDominance, Influence, Steadiness, Conscientiousness검사'니, 에고그램Egogram이니 하는 것들이 바로 그것이다. 리더와 다른 구성원들의 성격유형, 심리상태 등에 대한 검사를 통해 서로에 대한 이해의 폭을 넓히고 보다 원활한 관계를 형성하도록 돕겠다는 의도에서 도입되고 한때 붐을 이루기도 했지만, 그 또한 불과 몇 년을 가지 못했다.

그러자 다른 방향에서의 고민과 연구가 시작되었다. 우리가 조직을 구성하는 두 축 중 '리더'라는 축에만 너무 집중하는 사이 한 축에 대한 연구가 너무 미진했다는 자기 반성이 시작된 것이다. 그 결과 리더보다 더 많고 때로는 리더보다 더 강력한 영향력을 조직에 행사하는 팔로워라는 존재에 대해 인식하게 되었고, 그 결과가 바로 팔로워십에 대한 새로운 관심의 계기가 되었다.

아무튼 그렇다고 하더라도, 최근 팔로워십의 인기는 예전과 비교해서 확실히 눈에 띄게 늘어난 것만은 틀림 없는 듯하다. 그 이유가 무엇일까?

대략 네 가지 정도의 방향에서 생각해볼 수 있을 것 같다.

첫째, 리더십의 한계상황이 지속적으로 발생하고 있다.

앞서도 말했지만, 이제까지 사회의 주인공, 역사의 주역으로 혼자 인기를 독점하며 조직의 스포트라이트를 한 몸에 받던 리더들, 그리고 그들이 발휘하는 리더십이 조직의 성공 여부를 좌지우지하던 시절이 지나가면서 리더의 능력만으로는 아무것도 할 수 없는 한계상황이 지속적으로 발생하고 있다.

수많은 기업들이 실적의 저하, 경쟁력의 약화, 조직 내외부의 동요, 주주들의 외면 등 기업 활동에 있어 흔히 닥치는 위기 상황마다 '리더' 특히, '최고경영자CEO'의 교체라는 처방으로 치료하려 하지만 그런 시도들은 단기간에 효과를 볼 수 있는 처방은 될지 몰라도, 장기간 동안 효과를 보지 못했던 것을 우리는 이미 너무도 많은 경험을 통해 알고 있다.

1999년 2월 미국 디트로이트 시에 있는 포드Ford 자동차 공장에서 대형 폭발사고가 발생했다. 23명의 사상자가 발생한 이 사고로 가뜩이나 일본차에 밀려 시장에서 맥을 못추고 있던 포드 자동차는 절체절명의 위기에 빠져들었고, 이사회를 주도하고 있던 포드

가문은 기존 전문경영인을 해고하고 자신의 가문에서 촉망 받던 40대 초반의 윌리엄 포드William C. Ford를 새로운 CEO로 선임했다. 언론에서는 역대 세 번째로 창업가문 출신 CEO에 오른 윌리엄 포드의 기사를 내보내며 '친정 체제 강화', '대주주의 지원'을 등에 업은 강력한 리더십 발휘 예상', '경영권과 소유권의 통합으로 강력한 포드 건설 추구' 등으로 최고경영자 선임에 대한 의미를 부여했다. 하지만 CEO자리에 올라선 윌리엄 포드가 내세운 첫 단어는 '강력한 리더십'이나 '카리스마 넘치는 경영'이 아니라 '가족 Family'이었다. 포드는 한 가족이므로 자신이 최고경영자이기는 하지만 구성원들의 목소리에 귀를 기울이고 그것들이 경영에 실질적으로 반영될 수 있도록 최선을 다하겠다는 것이었다.

그리고 실제로 2년이 지난 2001년, 그는 'CEO 1인이 쥐고 있는 권력이 너무 많다'며 다른 유능한 전문경영인 3명을 선발하여 그들에게 일정 부분 자신이 쥐고있던 권한을 나눠주는 작업을 진행했다. 이러한 분권화된 리더십이 위기상황에서 제대로 역할을 발휘하지 못할 것이라는 세간의 우려에도 불구하고 그는 이러한 작업을 차근차근 진행하였고, 2000년대 말 불어 닥친 전 세계적인 금융위기에도 불구하고 포드사는 미 자동차 3사 중에 가장 그 위기를 잘 넘기고 안정적인 성장세를 계속할 수 있었다.

하지만 포드의 이런 사례는 아주 극소수의 성공사례일 뿐, 대부분의 많은 기업과 조직에서는 여전히 어려운 상황일수록 소수의 리더에게 권한과 책임을 몰아줌으로써 보다 신속하게 의사결정을 하고 전략을 과감하게 추진할 수 있도록 하고 있다. 또다시 실패할 경우에는 다른 적합한 리더를 찾아서 인력시장을 헤매이고 있다.

그런 반복된 실패에서 얻게 된 교훈을 바탕으로 '모든 기업의 운명을 리더에게만 묻는 것'의 한계를 솔직하게 인정하기 시작했고, 이제 비로소 리더십을 대체하고 보완할 수 있는 팔로워십에 대해 관심을 쏟기 시작한 것이다.

둘째, 당연한 이야기지만 팔로워들의 숫자가 더 많고, 앞으로 더 많아질 것이다.

앞서 많은 페이지를 할애하여 설명했던 것처럼 세상은 과거보다 평평해지고 수평적으로 엄청나게 분화되면서 리더 혼자 장악할 수 없을 만큼 복잡해졌다. 앞으로도 이런 추세는 크게 바뀌지 않을 것 같다. 수직적인 조직, 수직적 계층을 만드는 것에 대한 대다수 구성원들의 저항과 불만, 객관적으로도 증명되는 낭비요소들이 많기에 조직의 성장은 수평적인 확대만을 의미하지, 수직적인 확대는 제한될 것이라는 얘기다.

즉 이제까지처럼 인위적으로 중간관리자를 생성하거나 '옥상옥屋上屋' 형태의 차상위자를 임명하는 식의 조직 운영은 힘들어질 것이라는 것이다. 대신 수평적으로 확장된 조직, 구성요소, 구성원들이 스스로 제 역할을 하도록 하고 그들 간의 관계를 어떻게 효율적

따라야 따른다

으로 관리하고 상호 네트워크를 원활하게 운영할 것인지에 대한 관심이 조직 운영의 가장 핵심적인 열쇠가 될 것이다.

이 이야기대로라면 앞으로 조직 내에서 리더의 숫자가 늘어나는 속도는 과거 어느 때보다도 더뎌질 것이지만, 과거의 리더보다 더 큰 권한과 책임을 가지고 자기 자신의 일을 수행해야 하는 팔로워들은 훨씬 급격하게 늘어날 것이다. 당연히 '그들이 그 권한과 책임을 어떻게 활용하고 자신의 역할을 수행하는가?', '리더와의 관계를 어떻게 형성하고 상호 시너지 효과를 발휘하기 위해서 어떤 노력을 하고 있는가?'에 대한 관심이 높아질 수밖에 없다.

셋째, 리더를 뛰어넘는 능력의 팔로워들이 등장하고 있다.

"삼성은 특히 전문인력 확보를 위해 올해 처음으로 석사학위 소지자 1백 50명을 채용할 계획으로 있다."

이 무슨 말도 안되는 이야기일까? 삼성이 최초로 석사학위 소지자를 채용할 계획이라니?

이 뉴스는 1987년 실제 한 일간 경제지에 보도된 기사이다.

1987년 4월 16일자 매일경제신문은 11면에 주요 대기업들의 상반기 채용계획을 보도하면서 삼성이 최초로 석사학위 소지자를 뽑기로 했다고 전했다. 현재의 삼성, 또는 다른 대기업들이 채용하는 신입사원들의 면면을 떠올려 보았을 때 실로 격세지감이라 하지 않을 수 없는 이야기이다.

당시만 하더라도 아무리 탁월한 신입사원이라고 해봐야 어느 정도 상상할 수 있는 영역 안의 정보와 지식을 습득하고 있을 뿐이었다. 개인적 경험이나 노력 여하에 따라 다른 입사 동기보다 조금 탁월한 능력을 보유할 수는 있겠지만 그렇다고 해도 선배나 상사가 상상할 수 없는, 혹은 경험할 수 없는 무언가를 가진 신입사원들은 거의 없다고 해도 무리가 아니었다. 삼성이 최초로 시작한다고 한 석사 신입사원 선발은 그래서 일간 경제지에까지 보도된 대단한 '사건' 이었던 것이다.

하지만 최근에는 그런 상상의 영역을 벗어나는 경험과 지식을 가진 이들이 조직으로 밀려들고 있다. 해외 경험이라고는 대학시절 한두 번의 배낭여행과 입사 이후 서너 번의 해외출장이 전부인 팀장 밑으로 초등학교 때 아버지를 따라 이민을 가서 10여 년간 외국인 학교에서 미국, 영국, 중국, 러시아 친구들과 어울리고 뛰어놀았던 친구들이 팀원들로 들어오고 있는 것이다. 대학시절 데모다 계엄령이다 해서 학교를 간 날보다 가지 않은 날이 더 많았던 학사 학위 임원 밑으로 학부제의 영향으로 대학에 가서도 고3처럼 공부했던 석사 또는 박사 출신의 팀원이 들어오고 있다. 부장은 사장의 '사' 자만 나와도 말문이 막히고 사시나무 떨 듯 몸이 덜덜 떨리는데, 사원들 중엔 대학시절부터 유수의 기업 회장과 트위터로 대화를 주고받고, 유명 CEO가 참여한 멘토링 프로그램에 참여하여 직접 그로부터 코칭을 받았던 이들도 등장하고 있다.

따라야 따른다

예전 사업의 경우, 경륜과 경험을 뛰어넘을 수 있는 획기적인 기술이라는 것이 그다지 많지 않았다. 리더가 보유한 경험과 배경지식을 구성원들이 그대로 따라하면 큰 무리 없이 사업을 성장시키고 조직을 발전시킬 수 있었다. 하지만 최근의 기업 환경이나 사회적 분위기는 그렇지 않다. 리더들도 끊임없이 공부하며 새롭게 등장하는 지식정보를 받아들이지 못하면 도태될 수밖에 없는데, 문제는 새롭게 등장하는 지식정보가 연륜과 기업에서의 연차가 높다고 더 쉽고 풍부하게 받아들일 수 있는 것이 아니라는 점이다. 당연히 새로 들어오는 신입사원이나 신규 조직원들 중 리더보다 풍부한 정보를 보유하거나 특정 분야만큼은 훨씬 탁월한 역량을 갖춘 사람들이 충분히 있을 수 있는 것이다.

처음에는 그들의 존재가 부정되었다. '짤고 까불어 봐야 경험 있는 상사를 이길 수는 없다'는 것이 대다수의 생각이었다. 하지만 점차 그렇지 않음이 현실로 입증되기 시작하자 이번에는 리더들에게 그런 부하들에 대한 관리 책임을 전적으로 묻기 시작했다.

이제는 더 이상 리더들에게만 무거운 짐을 짊어지고 가도록 하는 것이 옳지 않다는 공감대가 확실하게 형성되고 있고, 그런 공감대 속에서 팔로워십에 대한 연구의 중요성이 급부상하고 있다.

넷째, 팔로워들은 리더보다 연대와 공유에 능하다.

마지막으로 팔로워들은 리더보다 상호 결합, 정보의 교환에 있어서 강점을 보인다.

우리는 통상 조직 내의 정보는 위에서 아래로만 흐른다고 생각한다. 그렇기에 팀원보다는 팀장이, 팀장보다는 임원이, 임원보다는 사장이 회사에 대해 훨씬 많은 정보를 안다고 생각하는 경우가 많다. 대략적으로는 맞는 얘기다.

당장 회사의 명운을 바꿔 놓을 수 있는 조직개편, 시설투자계획, 제품개발 과제 선택문제, 인사 이동, 해외투자 유치, 신규법인이나 지사 설립 등에 관해서는 팀원보다는 팀장이, 임원이, 사장이 훨씬 더 많은 것들을 알고 있는 것이 당연하다. 하지만 거기까지다. 수많은 정보들은 위에서 아래로 흐르기도 하지만 대다수의 것들은 밑에서 위로 치올라가거나 수평으로 흐르며 확산되는 경우가 많다. 하지만 리더들은 우리가 생각하는 것보다 훨씬 연대와 공유에 약하고, 그러다 보니 팔로워들이라면 누구나 알고 있는 '수평확산되고 있는 정보'에 둔감할 때가 많다.

팀원에서 팀장이 되면 자신의 팀에 대해서는 모르겠지만, 다른 팀에 대해서는 관심을 쏟을 의지도, 시간도 적어진다. 임원이 되면 자신의 부문이 아닌 다른 부문에 대해 그렇고, 사장이 되면 자신의 회사가 아닌 다른 회사에 대해 그렇다.

굳이 관심을 갖고 들춰보지 않는 이상 다른 회사의 급여 수준에 대해 잘 알고 있는 사장은 드물다. 하지만 사원들은 우리 회사는 물론, 경쟁사나 동종 최고수준의 회사, 자신이 관심 있는 회사 등

다양한 회사의 급여 수준에 대해 빠삭하게 꿰고 있다.

업계 동향에 대해서도 마찬가지다. 쇼핑 유통 사업을 하는 회사의 CEO가 무선주파수 인식Radio-Frequency Identification(이하 RFID)기술을 도입하면 좋겠다는 생각에 그에 대해 정리해서 보고하라고 지시를 내렸을 때 팀장들은 RFID가 뭔지 감조차 잡지 못하고 있거나 그런 기술 관련 사업을 하는 업체를 물색하고 있을 때, 사원들은 관련 업종에 근무하는 선배나 동기에게 간단히 전화 한통을 걸거나 메신저를 통해 궁금한 사항을 단 몇 분만에 알아볼 수 있다.

리더들이 경쟁자들을 한 명씩 이기고, 한 단계씩 올라설 때마다 연대와 공유의 고리는 열 개, 스무 개씩 사라지게 된다. 그러다 보니 정작 협업이 필요할 때 리더는 팔로워들의 지원을 받지 못하면 아무 일도 해내지 못하는 경우가 비일비재해졌다.

그리고 무엇보다 팔로워에 대한 활용 정도가 사업의 성공을 좌우한다는 것을 이제는 모두가 다 인정하고 있다. 바로 그것이 리더십의 홍수 속에서 새롭게 팔로워십에 대한 관심이 급격히 확대되고 있는 가장 큰 이유이다.

07

모두가 빠진
딜레마

|

FOLLOWERSHIP

리더십과 팔로워십의 관계

그렇다면 리더십과 팔로워십, 어떤 것이 오늘날의 조직에 있어서 더 중요할까?

리더와 팔로워, 누가 조직의 운명에 더 큰 영향을 미칠까?

조직이 잘 되려면 리더가 잘 다스려야 할까? 팔로워가 잘 모셔야 할까?

그 답을 하기 전에 먼저 3년 전쯤 한 선배를 만났던 때의 이야기부터 하도록 하자.

그 무렵 대학선배이자, 중견 그룹 계열사의 전문경영인이었던

따라야 따른다

분과 술자리를 가질 일이 있었다. 그 분의 특이한 점이라면 오랜 해외 유학생활로 인해 결혼한지 꽤 오랜 시간이 지난 뒤에 자녀를 가진 터라, 50대 초반의 나이에도 불구하고 두 자녀 중 큰 아이가 초등학교 3학년, 작은 아이가 유치원생 정도의 어린 나이였다는 것이다. 한참 술잔이 돌고 나자 선배는 농담 섞인 목소리로 내게 물었다.

"이봐, 내가 요즘 살면서 가장 어렵다고 느끼는 딜레마가 뭔지 아나?"

평상시 툭툭 편하게 던지는 이야기 속에서도 삶의 교훈이 될만한 귀한 말씀을 많이 해주시던 분이라, 내가 진지하게 답을 고민하고 있자 선배가 먼저 웃으며 답을 말씀해 주셨다.

"내가 나이 어린 자매를 키우는 건 알지?"

"네."

"그런데 그 애들이 내 성격을 닮았는지 사소한 것 하나도 양보하려 하지 않고 욕심을 부리다 보니 하루에도 몇 번씩 서로 다투거든. 요즘엔 얼마나 심하게 다투는지 애 엄마도 두 손 두 발 다 들어서 퇴근해서 집에 가면 나더러 '애들 버릇 좀 잡아달라' 고 부탁할 정도니까."

"그 나이 때 아이들이 다 그렇죠, 뭐. 귀엽네요."

"귀엽지. 그런데 다투는 두 아이를 앉혀놓고 화해를 시키면서 내 딜레마가 시작돼 버렸어. 아주 골치 아파 죽겠어. 그런데 신기한

건 바로 그 딜레마가 내가 회사를 경영하면서 늘 고민해 왔던 거라는 거지."

"그래요? 어떤 딜레마인데요?"

"아이들이 다투고 있으면 난 먼저 큰애를 부른다네. 그리고는 '동생이 잘못을 하고, 우기고, 대들더라도 언니가 참고 잘 가르쳐 줘야지!' 라고 큰 아이를 나무라지."

"대부분 부모님들이 그러시지요."

"그리고는 다시 작은 애를 불러서 '언니한테 대들면 되니? 언니 말 잘 듣고 잘 따라야지!' 라고 작은 아이도 나무라지."

"역시, 다들 그러시지요."

"그런데 어느 날인가 작은 녀석이 내게 와서는 묻더군. '아빠는 맨날 언니한테도 잘못했다고 하고, 나한테도 잘못했다고 하고, 도대체 누가 잘못했다는 거에요?' 라고, 그러자 의기투합이라도 했는지 큰 녀석이 와서 '둘 중에 잘한 사람은 없나요? 맨날 둘 다 잘못 했다고 하면, 잘 한 사람은 없네요' 라고 따지는 거야."

이야기하던 선배나 듣는 나나, 둘다 동시에 '참 어려운 문제' 라며 큰소리로 웃을 수밖에 없었다. 선배는 진지하게 얘기를 계속했다.

"그런데 이런 문제가 비단 가정에서만 일어나는 것이 아니라는 거야. 우리 회사에서도 늘 발생하는 딜레마거든."

선배가 경영하는 회사에는 10여 명의 팀장들이 있는데, 이들과 회식을 할때면 늘, "요즘 부하직원들이 옛날같지 않다. 윗사람 알

따라야 따른다

기를 뭣같이 알고, 말해도 들으려 하지 않고 대들기나 하고. 차라리 이럴 때는 상사가 되지 말고 부하로 계속 살 걸…… 하는 생각이 든다"고 말한다고 했다.

반면, 자주는 아니지만 팀장을 제외한 일반 팀원들과의 간담회를 할 때면 늘, "윗사람이라고 해서 자기 주장만 말하고, 제대로 알지도 못하면서 자기 고집만 부리면 당해낼 재간이 없다. 일은 부하들에게만 시키고 그 과실은 자기 혼자 따 먹으려고 할 때는 한 대 후려 패주고 싶다"는 이야기들을 한다고 했다. 그러면서 "꼭 우리 딸들 같지 않아? 이럴때 어떻게 해야 할까?"라며 의견을 물었다.

자, 어떻게 하면 될까?

'리더가 잘해야 팔로워가 따른다'가 맞는 말일까? 아니면, '팔로워가 잘하면 리더가 변한다'가 맞는 말일까? 혹은, 이도 저도 아닌 착한 – 혹은, 우유부단한 사람들의 중재안인, '둘 다 잘해야 한다'가 맞는 얘기일까? 실로 딜레마가 아닐 수 없다. 도대체 리더십과 팔로워십과의 관계를 어떻게 이해해야 할까?

리더 탓? 팔로워 탓?

그에 대한 해답의 실마리를 리더십과 팔로워십 두 단어 모두에 붙는 '십Ship'이라는 단어에서 찾아보고자 한다.

영어에서 'Ship' 은 '물에서 타고 다니는 배' 라는 뜻도 있지만, 리더십과 팔로워십에 붙는 'Ship' 은 '능력있음, 자격있음' 을 나타내는 접미사이다. 하여 리더십은 '리더로서의 능력이 있음', '리더로서 자격이 있음' 을 뜻하는 단어로 해석되고 있다. 그렇다보니 이제까지 우리는 리더십에 대해 어떤 오해를 했던 것이 아닌가 한다. '리더십' 을 단순히 리더 한 개인이 발휘하는 그 자리에 걸맞는 능력에만 국한시키거나, 그 자리를 줄만한 자격이 있는지 없는지를 평가하는 데에만 사용해 온 것은 아닌지 하는 의문이 든다.

팔로워십은 리더십에 비하면 학문적 연구도 부족하고 조직 도입의 초창기이니 더 말할 것도 없을 것이다. 이렇게 '십' 이라는 단어의 본질에만 집중한 리더십과 팔로워십에 대한 연구와 분석은 학문적 성과를 거두는 데 있어서 여러 가지 긍정적인 기여를 했지만, 반대로 연구의 폭을 넓히고 다양성을 확보하는 데에는 일부 문제점을 보여온 것이 사실이다.

이제까지의 리더십에 대한 연구가 잘못되었다는 것은 아니다. 다만, 리더 '십' 전반에 대한 진지한 고민이 있어야 하는데, 리더 '스킬Skill' 이나 리더 '전략Strategy' 으로 끝나서 문제였던 것이다. 리더 아닌 이들을 얼마나 리더의 영향력 안으로 들여오느냐 못하느냐에 대한 고민 없이 리더십을 조직 안에서의 어떤 하드웨어적인 역학 문제, 혹은 개인의 성향 문제로만 국한 시키다 보니 오직 '리더' 에게만 모든 관심이 쏠리게 되었고, 리더와 리더가 아닌 이들-

팔로워와의 관계, 리더와 팔로워 사이의 상호 영향력의 문제 등에 대해서는 관심이 멀어지게 되었다.

이제 리더십에 대한 재정의와 재인식이 필요한 때가 된 것 같다.

리더의 역할과 리더십의 영역에 대한 재인식이 필요하다.

리더십의 영역은 어디까지인가?

리더가 그 리더십을 발휘하여 행동으로 표출된 데까지일까?

아니다.

리더가 리더십을 발휘하여, 팔로워로부터 원하는 팔로워십을 발생시키는 데까지이다. 리더십에 대한 인식과 평가의 기준은 사실 리더의 행동에 대한 평가가 아니라, 팔로워의 능력 발휘, 팔로워십의 발현 수준에 대한 평가가 되어야 한다. 그러고 보면 리더십은 팔로워십과는 뗄래야 뗄 수 없는 것이다.

팔로워십도 마찬가지이다. 제대로 된 팔로워십을 발휘해서 리더로 하여금 조직을 올바로 이끌 수 있는 리더십을 원활하게 발휘할 수 있도록 하는 것이 그 최종적인 결과가 되어야 한다.

이렇게 생각하면, '조직에 문제가 생겼다. 리더 탓인가? 팔로워 탓인가?' 하는 질문이 얼마나 우매한 질문인지 곧 깨닫게 될 것이다.

이제까지 우리는 리더와 팔로워의 관계를 어떠한 고정적인 선line 상에서 존재하는 계층의 관계로만 인식했었다. 하지만 이제 그러한 인식은 더 이상 유효하지 않다.

새롭게 등장하는 베이비 버스터 세대들은 사회 생활의 가장 기본이 되는 가정에서조차 부모와 자신의 관계를 과거 선배들처럼 '웃어른' '아랫사람'으로 구분하는 가족관계에서 벗어나 가정이라는 울타리 안에서 함께 생활하는 관계로 생각하는 것에 익숙하다. 이제 앞으로 더욱 더 많아질 이런 세대들에게 윗자리에 있는지, 아랫자리에 있는지는 관심 밖의 일인 것이다. 어떤 영향력의 '장場' 안에 속해 있느냐 아니냐가 중요하고 그 영향력 안에서 어떤 대우를 받고 있고 나에게 영향력을 미치는 사람(리더)이 어떤 영향력을 나에게 미치려 하는지가 오로지 관심사가 될 것이다.

더 이상 '이건 대장 탓, 이건 졸병 탓'하며 계급으로 모든 것을 나누는 방법은 통하지 않는 세상이 된 것이다.

나를 따르라, 아니 내가 따르마

광주 광역시에서 버스로 40여 분을 가면 전남 장성이라는 곳에 도착한다. 그곳에는 보병, 포병, 공병, 기갑, 통신 등 육군의 5개 전투병과 중 통신을 제외한 4개 병과의 초급 간부들을 훈련시키는 상무대尙武臺라고 하는 군사교육시설이 있다. 4개 병과별로 따로 학교가 있기는 하지만, 한 울타리 안에 있다 보니 누가 보병학교 소속이고, 누가 공병학교 소속인지 알기가 쉽지 않다. 그럴 때 그를 구

리더가 제대로 된 리더십을
발휘할 수 있도록 돕는 것이
팔로워십의 최종적인 목표가 되어야 한다.

분 지어주는 것이 전투복의 왼쪽 어깨에 붙어있는 학교 마크이다. 4개 학교별로 자신들의 정체성을 나타내는 그림 또는 글씨로 이루어진 학교 마크를 달게 한다. 그 중 가장 많은 인원을 자랑하는 보병학교의 마크는 태극을 상징하는 파란색과 빨간색이 어우러진 방패와 그 위로 '나를 따르라' 라는 글씨가 새겨진 휘장으로 이루어져 있다.

그렇다면 부대 마크에 이 '나를 따르라' 라는 글귀를 새겨 넣은 의미는 무엇이었을까?

그리고 어떤 이유로 그 '나를 따르라' 라는 글귀가 보병학교의 부대 마크가 되었을까?

여기에는 여러 가지 설이 있지만, 그 중 가장 인상 깊은 유래는 이스라엘의 한 장군에 얽힌 이야기이다.

1967년 6월 5일 이집트 공군 비행장에 대한 이스라엘의 기습 공격으로 시작된 6일 전쟁은 인류 역사상 가장 짧은 시간 만에 한쪽이 일방적으로 승리를 거둔, 매우 독특한 전쟁이다. 승리한 이스라엘에게는 가장 자랑스럽고, 패배한 아랍 여러 나라들에게는 씻을 수 없는 치욕이 된 전쟁이기도 하다.

그 전쟁이 일어나기 바로 얼마 전에 이스라엘 국방부 장관이 된 장군은 전광석화 같은 의사결정과 전략의 참신성으로 신망이 높았다. 하지만 무엇보다 그의 명성이 알려지게 된 것은 다름아닌 그가 지휘관이었던 시절 병사를 지도하는 스타일 때문이었다. 당시까지

따라야 따른다

만 해도 전쟁의 최종 시점에 고지를 점령하기 위해서는 장교가 가장 안전한 후미에서 '돌격 앞으로'를 외치는 것이 당연한 일이었다. 하지만 그는 달랐다. 전투가 시작되면 가장 앞서서 적탄이 쏟아지는 고지를 향해 내달리며 뒤에 서 있는 병사들에게 이렇게 외쳤던 것이다.

"나를 따르라!"

이후 전장을 지휘하는 초급 장교들의 덕목으로 사지에 먼저 몸을 던지며 '나를 따르라'라고 외치는 솔선수범의 리더십이 부각되었고, 초급 장교를 육성하는 우리나라의 보병학교에서도 이 '나를 따르라'라는 글귀를 쓰게 되었다는 얘기다. 지금도 아랍인들에게는 공포와 저주의 대상이고, 이스라엘 사람들에게는 국가 수호와 참군인의 상징으로 여겨지는 이 이스라엘 장군의 이름은 모세 다얀Moshe Dayan이다.

하지만 이 이야기에는 조금 잘못되거나 과장된 점이 없지 않다. 가장 큰 오류 중 하나가 '나를 따르라'는 명령을 내린 장교가 모세 다얀 장군이 처음이 아니었다는 것이다. 전사戰史나 각종 기록을 보면, 이미 1950년 한국전쟁에서도 수많은 한국군 소대장들이 '나를 따르라'를 외치며 제일 먼저 총알이 빗발치는 적진을 향해 뛰어 들어갔음을 알 수 있다. 오죽했으면 북한군과 중공군들이 '아무 곳이나 2,500발쯤 쏘면 어디선가에서는 국방군(한국군) 쏘위(소위) 한 명이 죽어난다'는 비아냥까지 했을까.

그릇된 정보와 의도된 왜곡으로 묻혀 버렸지만, 우리나라 근·현대사에는 세계 어느 곳에 내어 놔도 전혀 부끄럽지 않은 리더들이 많았음에도 불구하고 그들이 재평가를 받지 못하는 것이 아쉽기만 하다.

다시 본론으로 돌아가서 '돌격 앞으로'로 대변되는 구시대적 리더십이 '나를 따르라'라는 신식 리더십으로 변화한지도 근 50여 년이 되어 간다. 하지만 이제는 '나를 따르라'는 리더십만으로 충족되지 않는 사회로 변화하였음은 앞서 여러 사례들을 통해 알아본 바 있다. 그렇다면 이제 어떤 리더십이 부각될 것인가?

그 이야기를 하기 전에 한 퇴역 장군이 들려주는 월남전 참전 당시의 이야기를 전할까 한다. 이야기의 주인공은 지금 현재는 주 동티모르 한국대사이자 이전에는 6군단장과 3군 부사령관을 역임하셨던 서경석 장군이다. 서 장군은 다른 여러 가지 업적으로도 유명하지만, 그 중에서 가장 눈에 띄는 업적은 본인의 월남전 참전 당시의 경험을 바탕으로 《전투감각》, 《전투기술》이라는 책을 써서 중위, 소위 같은 초급 장교들이 부대를 어떻게 지휘하고, 군인으로서의 본분인 '전투'를 어떻게 치러내야 하는 지를 알기 쉬우면서도 오래도록 기억에 남도록 해 주었다는 점이다. 그분이 전해준 이야기이다.

때는 1969년 월남전이 한창 치열하게 벌어지고 있었을 때다. 당시 파월 부대의 중대장이었던 서 장군은 정글로 들어가 산 위쪽으로 올라가며 베트콩을 수색하라는 연대 본부의 지시를 받았다. 수색이 시작된 지 얼마가 지났을까? 갑자기 산 위쪽으로부터 베트콩이 쏜 박격포탄이 쏟아지기 시작했다. 그 중 하나가 중대 우측에서 터지면서 그 파편이 대열 끝에서 수색을 하고 있던 한 병사의 배를 찢고 지나가 그의 장기가 노출되었다. 다행히 전체 대열이 재빨리 엄폐를 실시하여 다른 부상자는 없었지만, 상처를 입은 뒤 미처 피할 수 없었던 그 병사 혼자 밭고랑에 엎어져 있었다. 다른 피해자가 생길까 봐 섣불리 접근하지 못하고 수 차례의 연막작전과 기만작전을 시도한 끝에 위생병이 접근해서 부상당한 병사를 데리고 나올 수 있었다. 그런데 들려 나오는 병사의 모습이 가관이었다. 상처는 벌어질 대로 벌어져서 피가 철철 솟고 있었고, 창자는 내부의 압력에 밀려서 이미 작은 깡통으로 하나 정도는 될 정도로 쏟아져 나와 있었다. 하지만 병사의 의식은 또렷이 살아있었다. 그는 자신을 맞으러 나온 서 장군을 향해 이렇게 말했다.

"중대장님, 어려운 상황에 부상까지 당해서 지휘를 어렵게 만들어 죄송합니다."

하지만 서 장군이 등을 두드려 주며 후송 헬기에 태우자마자 병사는 혼절해 버리고 말았다. 다행히 야전병원에서의 성공적인 치료 덕분에 병사는 기적적으로 부상에서 회복되었다고 한다. 이후 완치가 되어 본국으로 귀국하기 전에 병사가 서 장군에게 귀국인사차 방문을 해서 당시의 기억에 대해 이렇게 이야기했다고 한다.

"전 그때 그냥 그대로 죽는 줄 알았습니다. 제 뱃속에서 나온 창자를 보고 그런 생각을 하지 않을 사람이 어디 있겠습니까? 그런데 순간 저 멀리서 중대장님이 보이는 겁니다. 그때 딱 든 생각이 '아, 중대장님이 저기 계시구나. 중대장님이 계시는 곳까지만 가면 나는 살 수 있다' 는 생각이 드는 겁니다. 그 덕분에 버틸 수 있었고, 살 수 있었습니다. 근데 막상 중대장님이 제 어깨를 잡아 주시는 순간, '이젠 살았다' 는 생각에 맥이 풀려서 정신을 잃었지요."

'이 분이 있는 곳까지 왔으니, 나는 이젠 살았다.'

이 말만큼 부하에게 신뢰받고 있는 리더임을, 부하와 리더간에 믿음으로 이어진 관계임을 나타내 주는 말이 있을까?

이 일화 속에, '돌격 앞으로', '나를 따르라' 를 대체할 앞으로 각광받을 리더십의 새로운 형태가 들어있다. 그것은 바로 '내가 따르마', '내가 뒤에 있다' 이다.

'내가 리더이지만, 내 명령에 로봇처럼 따르기보다 우리의 목표를 잊지 말고 그 상황에 맞춰 최적의 판단, 최선의 행동을 하라. 책임? 그런 건 걱정하지 말라. 뒤에는 내가 있다. 내가 너희들을 따르마. 뒤는 걱정하지 말고 앞으로 또 앞으로 나아가라!' 라고 말해줄 수 있는 리더가 각광받을 것이란 얘기다.

그래서 어떠한 문제 상황이 생기거나 다른 회사나 다른 부서 사람들로부터 공격 받고 힘겨운 상황에 봉착했을 때 리더의 얼굴만

따라야 따른다

보면 '아휴, 이젠 죽었다'가 아니라, '야! 이젠 살았다'는 생각이 들도록 하는 것. 이것이 바로 우리에게 필요한 새로운 형태의 리더십 – '리더의 팔로워십'인 것이다.

리더십과 팔로워십은 이러한 관계여야 한다.

누가 위거나, 아래여서가 아니라 서로 함께 공존하고, 성과를 창출하고 그러기 위해 서로에게 보여주는 영향력, 그것이 리더가 보여준 영향력일 경우 리더십이 되는 것이고, 팔로워가 보였을 경우 팔로워십이 되는 것일 뿐 그 영향력의 가치는 모두 존중받아야 한다.

어떤 일에 대해 '결국 리더 탓도 아니고 팔로워 탓도 아닌 우리 탓'이라는 생각을 모두가 할 수 있게끔 만들어 주는 것이 중요하다. '리더 덕분'이나 '팔로워 덕분'이 아니라 '우리 모두 열심히 한 덕분'이라고 말할 수 있는 분위기를 만들어 주어야 한다.

이제는 더 이상 리더들에게만
무거운 짐을 짊어지고 가도록 하는 것이 옳지 않다는 공감대가
확실하게 형성되고 있고, 그런 공감대 속에서
팔로워십에 대한 연구의 중요성이 급부상하고 있다.

팔로워십이란
무엇인가

followership

08

팔로워십의 유형

|

FOLLOWERSHIP

고전적인 팔로워십 분류

리더십을 대체할 새로운 형태의 리더십으로 팔로워십이 각광을 받으면서 미국의 주요 경영대학원MBA과 해군대학원US. Naval Postgraduate School등에서는 다양한 관점에서 이에 대한 연구가 진행되었다. 해군대학원에서 팔로워십에 대한 연구가 활발하게 이루어진 것은 '해군'이라는 특성에서 기인한 바가 크다.

많은 이들이 알다시피 우리가 알고 있는 두뇌 검사인 IQ테스트는 프랑스 심리학자 알프레드 비네Alfred Binet가 동료학자인 시몽과 함께 개발한 '비네-시몽 지능조사법'으로부터 시작된 것이다. 원래는 정신 발달지체 장애인의 지체 정도를 알아보는 간단한 시험

법으로 고안된 비네-시몽 지능조사법은 독일의 심리학자이던 윌리엄 슈테른William Stern에 의해 지능의 정도를 측정할 수 있도록 개선되었고, 다시 스텐퍼드 대학의 루이스 터먼Lewis Medison Terman교수가 정교화한 결과 우리가 알고 있는 IQIntelligence Quotient, 곧 지능지수를 측정할 수 있는 '스텐퍼드-비네 측정법'이 등장하게 되었다.

이와는 별도로 하버드대학의 비교심리학 연구원이자 현역 미 육군 소령이던 로버트 여키스Robert Yerkes는 '언어, 수리, 추리, 공간지각'이라는 4개의 영역으로 구성된 문항을 통해 IQ를 측정하는 '육군식 지능조사법'을 만들었고, 바로 이 '육군식 지능조사법'이 우리가 학창시절 단체로 받았던 단체지능조사인 'IQ테스트'의 기초가 되었다.

그런데, 이런 지능조사를 미국 육군이 주도하여 만든 데에는 다 이유가 있었다.

지금도 그렇지만, 우리 국민들은 차마 상상도 못할 정도로 세계 초강대국인 미국은 예나 지금이나 똑똑한 국민들만큼 그보다 훨씬 더 많은 수의 '모자라는' 국민들로 이루어져 있었다. 1차 세계 대전을 치르기 위해 육군 병사를 모집했는데 병사들 중에는 간단한 셈조차 못하거나 글도 제대로 읽지 못하는 사람들이 많았다고 한다. 그들이 과연 상관의 명령을 이해하여 전투를 수행할 수 있을 정도의 이해력과 판단력을 가지고 있는지 없는지를 판단하기 쉽지 않았던 미 육군은 로버트 여키스 같은 일군의 심리학자들에게 의

따라야 따른다

뢰하여 지능을 측정할 수 있는 방법을 고안하기에 이른 것이었다. 그 이유는 어떠한 전쟁이든 간에 육군이 치르는 전쟁의 가장 마지막 단계는 개별 병사가 치열한 전투를 마치고 상대편 사령부 혹은 행정 중심지를 점령해야 끝나는 것이기 때문이었다. 모든 육군의 전투는 형태만 다르다 뿐이지 사람과 사람, 개인과 개인의 싸움과 다를 바가 없었다. 당연히 개별 병사의 능력(눈에 보이는 체력은 기본 이요, 전술에 대한 이해력 등)이 전쟁의 승패를 가르는 가장 중요한 요인 중 하나였던 것이다. 따라서, 육군에서는 '개별 병사의 능력'과 그들이 한데 어울린 '개별 병사의 전투력'을 '부대의 전투력'으로 만들어 낼 수 있는 리더십에 대한 연구가 활발하게 진행되었던 것이다.

반면, 해군의 관점은 조금 달랐다.

해군도 육군과 마찬가지로 개별 병사의 능력이 중요했지만, 해군이 치르는 전쟁의 승패는 사람과 사람의 직접적인 접촉이 아니라 사람이 타고 있는 배와 배가 맞부딪혀서 승패를 정하는 '함대함艦對艦' 적 전투의 성격이 강하다. 따라서 전투력의 증강에 있어서 고려하는 최소한의 단위가 '사람' 보다는 '배' 가 되고, 사람은 배를 이루는 구성원의 하나로서 그 개별 능력보다는 '배' 라는 전투단위의 구성요소로서 배의 운영에 얼마나 기여하는지 정도가 고려 대상이었다. 거기에 현대 해군에서 사용되는 함정의 특수성은 해군으로 하여금 조직학, 그리고 조직 내에서의 역할 발휘 형태인 리더십 그리고 팔로워십에 대한 연구에 무게 중심을 둘 수밖에 없게 하였다. 과거의 함정은 갑판에서 지휘하는 함장의 눈에 병사들의 움직임 대부분이 보이는 구조였다. 따라서 '그들이 어떻게 움직이는지?', '자신(지휘관)의 의도대로 움직이는지?', '다른 생각이나 행동을 하고 있는 문제 병사는 없는지?'를 한눈에 살필 수가 있었다. 하지만 현대 해군이 사용하는 함정은 그보다 훨씬 과학적으로 진보하고 운항 시스템 자체가 복잡해지면서 배의 위아래와 앞뒤편으로 갖가지 구조물과 시설들이 확장되었고 함장이 자신의 눈앞에 두고 지휘할 수 있는 병사라고 해봐야 함교艦橋에 근무하는 병사 10여 명밖에 되지 않았다. 저마다의 자리에서 맡은 바 임무를 수행하는 다른 병사들을 이끄는 중간관리자로 갑판장, 기관장, 포술장 등이 있다. 그래서 병사들이 지휘관이 보이지 않는 곳에서 얼마나 지휘관의 의도를 제대로 이해하고 그를 위해 성실하게 임무를 수행하도록 할 것인지가 해군의 가장 큰 관심사였고, 그 결과 셀 수 없이 다양한 조직관리 이론과 리더십, 또는 팔로워십과 관련한 학문적 성과 등이 해군 또는 해군 산하 연구기관에서 생산되었다. 이 외에도 최근 들어 몇몇 경영학 연구기관과 기독교 계열의 대학 등에서 팔로워십에 대한 연구가 활발하게 진행되고 있다.

여기에서는 그들이 팔로워십의 유형을 분류하고 그 특성에 대해 일련의 정의를 내린 결과를 살펴봄으로써 아직까지도 조금 생소한 팔로워십에 대한 이해의 폭을 넓혀가고자 한다.

따라야 따른다

로버트 캘리 교수의 분류

동서양을 막론하고 팔로워십에 대해 정의내리거나 분류하려고 보면 로버트 캘리Robert E. Kelley의 이름과 그가 주장한 학설을 언급하지 않을 수 없다.

미국 카네기 멜론대Carnergie Mellon University의 테퍼 경영대학원에서 학생들을 가르치는 교수이자 수십 년간 컨설팅 회사를 운영해 온 경영자이기도 한 그는 일찍부터 조직 내의 리더가 아닌 팔로워들의 중요성과 그들의 역할 및 역량에 따른 조직 성과의 변화 등에 많은 관심을 가지고 연구 활동을 계속했고, 그 결과 현재 팔로워십에 대해 연구하는 사람이라면 읽어보거나 최소한 제목쯤은 들어봤을 《팔로워십의 힘The Power of Followership》이라는 명저를 출간하였다.

특히, '비판적 사고Critical Thinking'와 '참여Participation'를 각각 세로축과 가로축으로 두고 그 정도에 따라 4가지 팔로워십으로 분류한 그의 유형 분류는 경영학이나 행정학 등을 전공하지 않은 사람이라고 하더라도 한 번쯤은 들어 본 적이 있을 정도로 유명하다.

그가 분류한 4가지 팔로워십 유형은 소외된 팔로워Alienated Followers, 효과적인 팔로워Effective Followers, 양 혹은 양처럼 순응적인 팔로워Sheep, 예스맨 팔로워Yes People다. '소외된 팔로워'의 경우 개인의 비판적인 사고능력은 뛰어나지만 조직내 활동에 대한 참여 정도는 낮은 이들을 말한다. 우리 주변에 혼자 똑똑한 척은 다 하면서 정작 회의시간에는 입 꾹 다물고 있다가 다시 회의가 끝나면

결정사항에 대해 이러쿵저러쿵하는 부류의 사람들이 아마도 이런 팔로워 유형에 가까울 듯하다. 반면 비판적 사고능력은 비슷하되 참여도가 높은 유형이 '효과적인 팔로워'다. 이들은 불평도 많지만 그 불평사항을 개선하기 위한 논의나 활동에도 기꺼이 자신을 헌신하는 적극성을 보인다. 반면 '효과적인 팔로워'와 비슷한 수준의 적극적인 조직활동을 하지만 비판적인 사고를 할 수 있는 능력이 떨어지는 사람들이 '예스맨 팔로워'다. 회의 시간에 이런 저런 발언은 많이 하지만 결국 결론은 '팀장님이 하신 말씀대로 하시면 될 듯합니다. 저 열심히 하겠습니다'가 주 내용인 사람들이 바로 이 유형이 아닐까 싶다. 마지막으로 아무 생각 없고, 아무 활동도 없는 유형이다. '양'이라는 이름보다 더 적절한 이름이 떠오르지 않을 정도로 기가 막힌 네이밍을 했다. 자기 할일은 하지만 조직이나 리더에 대해 어느 수준 이상의 기여도, 그렇다고 이렇다 할 해도 끼치지 않는 거의 존재감 없는 유형이다. 캘리교수는 이와 더불어 4분면의 가운데 위치하면서 환경의 변화에 따라 '양'이 되었다가 '예스맨'이 되기도 하고, 때론 '효과적인 팔로워'가 되기도 하는 '실용적인 생존자Pragmatic Survivor'가 있다고 했지만, 이들은 말 그대로 상황에 따라 어떤 유형으로 변신하여 등장할지 모르는 변화무쌍한 부류이므로 논외로 하는 것이 좋겠다.

따라야 따른다

윌리엄 로젠바흐 교수의 분류

팔로워십에 대한 본격적인 연구가 부족해서인지, 아니면 캘리 교수의 연구 결과가 워낙 탁월해서였는지 모르겠지만 그가 분류한 팔로워십의 유형 분류법은 최근까지도 학계와 관련 업계에서 거의 독보적이라 할 정도로 인정받고 있으며 유용하게 활용되고 있다. 다음으로 소개할 윌리엄 로젠바흐William Rosenbach교수의 분류조차도 당사자가 들으면 섭섭할 이야기인지 모르지만 크게 보아서는 캘리 교수의 그것과 크게 다르지 않은 상태에서 약간의 수정을 한 정도에 지나지 않는다.

미국 게티스버그 대학Gettysburg University에서 경영학을 가르치는 로젠바흐 교수는 과거 2년 동안 미국 공군사관학교에서 학생들을 가르쳤던 적이 있다. 그때 공군에 복무하는 장교와 부사관들에 대한 관찰과 면담을 통해 그들의 팔로워십 유형에 대한 특성 분석을 시도했었고, 이후 다른 교수들Earl H. Potter, Thane S. Pittman과의 협업을 통해 그런 분석 결과를 종합적으로 정리하여 캘리 교수처럼 4분면으로 이루어진 팔로워십 유형 분석을 만들어 냈다.

그들이 관심을 가진 것은 어떠한 행위에서의 '주도권Initiative' 부분이었다. 두 가지 요소를 종축과 횡축에 두어 분류한 팔로워십 유형을 4분면 내에 배치한다는 것은 캘리 교수의 그것과 동일했지만, '비판적 사고'와 '참여'를 세로축과 가로축에 두었던 캘리 교수와 달리 로젠바흐 교수는 세로축에 '관계 주도권Relationship Initiative'을,

가로축에 '행위 주도권Performance Initiative'을 배치했다. 이에 따라 관계 주도권은 높되 행위 주도권은 낮은 팔로워는 '정치가Politician'가 되고, 그 상태에서 행위 주도권도 높으면 '동료Partner'가 되며, '동료Partner' 수준의 행위 주도권은 갖고 있되 관계 주도권이 낮으면 '공헌자Contributor', 관계와 행위 주도권 모두가 낮으면 '종속자 혹은 부하Subordinate'가 되는 것이다.

얼핏보아도 캘리 교수의 그것과 크게 달라보이지는 않는다. 다만 주도권이라는 기준으로 팔로워십을 분류한 견해는 상당히 흥미롭다.

고든 커피 컨설턴트의 분류

고든 커피Gordon J. Curphy는 자신의 이름을 붙인 컨설팅 회사Curphy Consulting의 대표이며 도요타 자동차 등 굴지의 기업에 대한 컨설팅 경험과 여러 권의 조직 설계 및 조직 운영 기법 관련 책을 낸 유명 컨설턴트이다. 그도 메사추세츠 생명보험의 부사장 마크 로에릭Mark Roellig과 함께 팔로워십에 대한 유형 분류작업을 시도했었다. 그 결과로 발표된 것이 '커피-로에릭 팔로워십 유형 분류Curphy-Roellig Followership Model'이다.

커피의 분류는 로젠바흐 교수의 유형 분류보다도 훨씬 더 캘리 교수의 그것과 유사하다. 4분면으로 분류한 것은 물론 심지어 세로축을 '비판적 사고Critical Thinking'로 한 것까지 동일하다. 다만 그는

따라야 따른다

가로축을 '약속 혹은 계약Engagement'으로 둔 것이 다를 뿐이다. 이는 아무래도 학자적인 입장에서 연구를 시작한 캘리 교수나 로젠바흐 교수에 비해 거래관계가 강조되는 기업을 상대로 일을 하는 컨설턴트 입장에서 연구를 수행한 것의 차이에서 기인한 것이라고 추측할 수 있다.

그는 자신의 유형 분류에서 비판적인 사고를 하지만 조직과의 계약 또는 결속력이 낮은 부류를 '평론가Criticizers'로, 비슷한 수준의 비판적 사고를 보유했지만 조직과의 결속력이 훨씬 높은 유형을 '자발적 수행자Self Starters', 결속력은 이와 비슷하지만 비판적 사고가 약한 이들을 '아부쟁이Brown Noser', 비판적 사고도, 조직에 대한 결속력도 모두 약한 이들을 묶어 '게으름뱅이Slackers'라고 분류하였다. 수고한 이들에게는 조금 미안한 이야기이지만, 캘리 교수의 유형 분류를 다시 조금 손본 것 정도에 지나지 않은 듯한 내용이다.

이상으로 팔로워십이 등장한 이래 유수의 학자들이 주장한 팔로워십의 정의와 그 유형 분류에 대해 알아보았다. 이 외에도 팔로워십에 대해 연구한 수많은 학자들이 여러 가지 기준과 방법으로 팔로워십 유형을 분류하고 그러한 분류를 통해 팔로워십의 정의와 올바른 팔로워십이란 무엇인가에 대한 연구를 계속해 오고 있다.

하지만 조금은 부족한 감이 없지 않다. 이들 학자들의 역량이나 학문적 소양이 부족해서 그러하다는 것이 아니다. 이들의 연구 결과가 모두 서양의 조직과 조직문화를 기반으로 한 접근에 의한 성과물이기에 그렇다는 것이다. 동양적 조직, 특히 한국적 조직과 조직문화와는 분명한 차이가 있기에 탁월한 연구 결과임에도 불구하고 쉽사리 받아들이기에는 왠지 모를 부담감이 있다.

조금 다른 관점으로 살펴보면 팔로워십의 보다 다양한 모습을 볼 수 있지는 않을까? 한국적인 관점에서 한국 기업의 조직적 특성을 고려하여 팔로워십에 대해 살펴보는 작업을 통해 우리의 팔로워십 유형과 우리에게 필요한 팔로워십이 무엇인지를 보다 쉽게 찾아낼 수 있지는 않을까?

이런 의도에서 이제까지와는 조금 다른 기준으로 팔로워십을 한번 분류해 볼까 한다.

어차피 리더십도 마찬가지지만, 특히나 팔로워십은 '조직'이라는 것을 제외하고는 생각할 수도 없고, 생각할 필요도 없다. 팔로워십에 대한 유형을 분류하고 그를 분석한다고 하면 가장 먼저 생각하여야 할 것이 바로 '조직'이다. 그리고 그 다음 역시 빼놓지 말아야 할 것이 '인간(개인)'이다. 우리가 팔로워십에 대한 정의를 내리고 유형을 분류하며 그 개별 유형에 대해 분석한다고 했을 때는 인간과 조직의 관계를 살피는 관점에서부터 시작하지 않으면 안 된다. 따라서 새로운 관점에서의 팔로워십 유형 분류는 조직지향 정도를 기준으로 했을 때와 인간(여기서는 리더)지향 기준으로 했을 때의 두 경우로 나누어서 생각해 보고자 한다.

따라야 따른다

팔로워십에 대한 정의를 내리고
유형을 분류하며 분석할 때는
인간과 조직의 관계를 살피는
관점에서부터 시작해야 한다.

이전의 유형 분류에서는 어떤 개인의 팔로워십을 절대로 바뀌지 않을 어떤 확고불변한 특성, 예를 들어 혈액형이나 유전적 형질처럼 다룬 부분이 없지 않다. 하지만 수많은 경험과 사례에서 볼 수 있듯이 어떠한 사람이 주위에 발휘하는 영향력이라는 것은 그 사람 개인의 특성일 뿐만 아니라, 시기적 특성이나 조직과 조직구성원의 특성 등에 따라 끊임없이 변하기도 하고 전혀 반대의 모습을 보이기도 한다.

따라서 이후 시도해 볼 유형 분석은 그러한 변화의 연장선상에서 조금은 거시적이고 장기적인 관점에서 '모든 사람의 팔로워십은 끊임없이 변한다. 긍정적으로든, 부정적으로든' 이라는 시각으로 진행해 볼까 한다.

유형 분석에 있어서 가장 결정적인 한 가지 기준이 있지만, 그것은 마지막 장에서 언급하도록 하고 여기에서는 우선 우리나라 조직 내에서 가장 빈번하게 보여지는 인간지향 팔로워십 유형들과 조직지향 팔로워십으로만 나눠 보았다.

인간지향 기준 팔로워십 분류

먼저 인간지향 기준의 팔로워십의 특징은 이러한 팔로워십을 발휘하는 팔로워들의 관점이 '조직' 보다는 '인간(개인, 리더)' 쪽으로 많이 치우쳐 있다는 점이다.

즉, 이들은 '조직의 성과' 보다는 모시고 있는 '조직장의 성공' 을 우선시하고, '조직에서의 좋은 평가' 보다는 '조직장으로부터의 인정' 을 더 선호하는 특성이 있다. '인간지향 기준 팔로워십' 은 리더와 팔로워 간의 관계가 단순히 조직장과 구성원이라는 관계를 뛰어넘어 인간적인 신뢰와 공감대로 맺어진 관계로 발전되어, 장기간 유지될 수 있다는 장점이 있다. 게다가, 어차피 리더가 조직의 성공을 위해 최선을 다 할 테니 이보다 더 좋은 유형의 팔로워십이 없을 것 같아 보이지만, 이러한 팔로워십도 도가 지나치면 치명적인 문제를 야기하기도 한다.

인간지향 기준의 팔로워십은 대략적으로 '배려의 팔로워십' 으로 시작하여 '섬김의 팔로워십' 으로 진행되다가 도를 넘기면 '맹목적 팔로워십' 으로 변이되는 모습을 보인다. 그럼 인간지향 기준 팔로워십을 유형별로 살펴보도록 하자.

1. 배려의 팔로워십

배려의 팔로워십은 우리가 일상적인 사회 활동에서 '인간지향 기준' 팔로워십 중 가장 일반적으로 발휘하는 팔로워십이다. 이는 비단 하급자가 상급자에게만 발휘하는 팔로워십이 아니라, 일반적인 대인관계의 상황에서 대부분 발생하는 팔로워십 유형이다. 나와 다른 타인의 처지나 상황을 이해하고 그가 그런 부분에 대해 불편함을 느끼지 않게 하겠다는 '인간 본연의 선함'이 이 팔로워십 유형의 근간을 이룬다. 따라서 특별한 기술이나 의지가 그다지 크게 필요하지 않기에 조직을 구성하는 대부분의 구성원들에게서 쉽게 보여지는 팔로워십이다. 그 표현 방식이나 상황에 따라 '예의', '에티켓', '매너', '의전' 등으로 나타나기도 한다.

이러한 팔로워십이 잘 발휘될 경우의 장점으로는, 리더의 처지에 대한 감정적, 심정적 이해가 활발하게 일어나서 그를 배려하기 위한 팔로워의 자발적인 동참이 일어나고, 전반적인 조직 분위기가 정감이 넘치고 따스한 온정이 충만한 모습을 보인다. 반면, 위계가 불분명해져서 질서나 체계가 없다는 인상을 외부에 줄 수도 있지만, 팔로워들은 그를 전혀 불편하게 느끼지 못해 개선하고자 하는 의지보다는 그런 점을 지적하는 외부에 대해 배타적인 성향을 보이며 내부의 리더에게 더더욱 몰입하는 경향을 보이게 된다.

시스템이 잘 갖춰져 있지 않은 소규모 기업이나 종교단체 또는 비공식 친목단체 등에 속한 이들에게서 주로 보여지는 팔로워십 유형이 되겠다.

이러한 팔로워십에 대한 리더의 감정적, 인간적인 보답이 지속되면 대부분의 경우 '섬김의 팔로워십'으로 이동하게 된다.

2. 섬김의 팔로워십

배려의 팔로워십에 대해 리더가 긍정적인 피드백을 지속적으로

따라야 따른다

제공하거나, 팔로워 본인이 스스로 만족감을 느껴 그러한 팔로워십을 강화시켜 나가다 보면 '섬김의 팔로워십'으로 변화하게 된다.

이러한 변화는 주로 팔로워 자신 보다는 리더 또는 리더십의 변화에 의해 더 잘 이뤄진다.

섬김의 팔로워십은 배려의 팔로워십과 초기 모습은 비슷하게 보인다. 다만 차이점은 배려의 팔로워십이 동등한 위치에서 발휘하는 상호작용에 가깝다면 섬김의 팔로워십은 팔로워가 리더가 자신과 다른 위치라는 것을 분명하게 인식하고 그러한 관계에 수긍을 한 상태에서 인간적인 존중과 더불어 지위와 권한에 대한 존중을 하기 시작하는 단계라는 것이다. 이 단계에서는 '토의와 토론'이 줄어들고, 그 중 특히 '반론과 이의 제기'가 거의 사라지는 모습을 보인다. 반면 겉으로 드러나는 조직의 효율성과 팔로워들의 조직 및 업무 몰입도는 이전과 달리 비약적으로 높아진다. 따라서 많은 리더들이 가장 좋아하는 형태의 팔로워십 중 하나이고, 이 팔로워십이 잘 발휘될 경우 외부에서 보는 조직의 모습도 가장 활성화되어 있는 것처럼 보인다.

하지만 이 단계의 팔로워십에서 많은 리더들은 자기 자신도 인지하지 못하는 사이 자신의 리더십 스타일이 변해가는 상황을 겪게 된다. 그리고 계속해서 그러한 변화를 인지하지 못하고 팔로워들이 보여주는 '섬김'의 달콤함에 안주하다 보면 자신의 리더십에 대한 재검토와 팔로워들이 발휘하는 팔로워십을 조절할 수 있는 시기를 놓쳐버리고 팔로워와의 파국적인 결말을 향해 달려가게 된다.

3. 맹종의 팔로워십

'일사불란', '최강의 단결력', '까라면 까는 무시무시한 실천력', '실행 위주의 강한 조직'.

이러한 수식어들이 맹종盲從의 팔로워십을 보유한 팔로워들이 많은 조직을 표현하는데 주로 쓰이는 단어들이다.

사유와 토론은 거의 무시당한다. 그저 '이 지시가 누구에게서 나온건가?'가 모든 선악善惡과 경중輕重의 가치 판단을 하는 유일한 기준일 뿐이다. 그 지시가 리더에게서 나왔을 경우 무슨 일이 있더라도 수행해야 할 지상과제가 되는 것이요, 그렇지 않을 경우는 해도 그만 안해도 그만인 일로 내팽개쳐져 버리는 일이 비일비재하다.

부족한 인적, 물적 자원만으로 목표를 달성해야 하거나, 통상적인 방법으로는 달성하기 어려운 미션을 수행하는 조직에서는 일면 효과가 있는 듯 보이나 대부분의 경우 정상적인 활동이 불가능할 정도로 조직 분위기가 왜곡되거나 조직 자체의 붕괴를 가져오는 경우가 많다.

이 팔로워십은 특히, 리더나 주도권을 가진 팔로워들이 잘못된 의사결정을 내릴 시 그를 제재하거나 보완할 수 있는 견제력이 전혀 없고, 팔로워의 창의력이 발현되기도 어려우며, 결정적으로 권력과 영향력을 소유하는 리더와 소수의 팔로워들을 제외한 다른

156

대부분의 팔로워들은 리더십의 영역 밖으로 뛰쳐나가게 만드는 최악의 팔로워십 유형이다.

하지만 비극적인 것은 상당수의 리더들이 자신이 발휘하는 리더십의 최종 목표가 자신의 이야기에 일사불란하게 움직이고 어떠한 이견도 제기하지 않는 맹종적인 팔로워로 만드는 것이라는 걸 부정하면서도 원한다는 것이다.

조직지향 기준 팔로워십 분류

다음은, 조직지향 기준의 팔로워십이다. 이 팔로워십의 특징은 리더와의 인간적 공감대 형성이나 상호작용에 대한 이해보다는 조직 내에서 차지하는 위치, 역할, 발휘하는 영향력, 그리고 그에 대한 조직의 인정과 보상에 초점을 맞춘다는 데에 있다.

1. 역할의 팔로워십

역할의 팔로워십은 조직지향 기준의 팔로워십뿐만 아니라, 조직 내에서 보여지는 전반적인 팔로워십 유형 중에서도 가장 기본적인 유형에 속한다. 이 팔로워십은 개인의 특성, 팔로워를 리드하는 리더와 그가 발휘하는 리더십과는 크게 상관없이 팔로워가 어떠한 조직의 구성원이 되는 그 순간부터 좋건 싫건 간에 발휘되기 시작하는 팔로워십이라고 할 수 있다. 대부분의 조직에서 팔로워가 해야할 일과 발휘해야 할 영향력을 명문화해 놓거나, 글로 적어 놓지는 않더라도 문서보다도 더 확고하고 분명하게 '상식'이라는 이름으로 공유하고 있는 것이 기본이다.

'워크샵 장소는 막내가 예약한다', '신입사원이 팀장보다 30분은 일찍 나와야지', '회식자리에서는 아랫사람이 흥을 돋우어 야지' 등등이 우리가 쉽게 접할 수 있는 역할의 팔로워십을 고려한 대표적인 사례이다. 팔로워들이 이러한 역할의 팔로워십에 대해 긍정적으로 받아들이고 이를 적극적으로 발휘하려고 노력하면 조직에 체계가 잡히고, 사소한 일도 누락됨이 없이 잘 돌아가며 소소한 일에 대한 가치도 존중받는 긍정적인 효과가 있지만, 이러한 팔로워십이 지나치게 강조되면 조직의 위계서열이 너무 완고하게 작동하여 상하간 의사소통에 장애가 생기고 하부의 창의적이고 역동적인 아이디어가 상부까지 올라가지 못하고 소멸되어 버리며, 공식적인 보고와 지시 선상에 있는 조직 위아래를 제외하고는 팔로워십이 더 이상 긍정적인 방향으로 확장되지 않는 등의 문제점이 나타난다.

2. 기대의 팔로워십

조직의 구성원이 되어 역할의 팔로워십만을 발휘하던 초기 단계를 벗어나 점차 조직 생활에 익숙해지고, 어느 정도 중요한 역할을

158

맡고 거기서 성과를 조금씩 내기 시작하는 단계가 되면 자신이 발휘한 팔로워십에 대한 보상과 역할의 변화를 바라게 되는 '기대의 팔로워십'을 보이기 시작한다. 이 시기가 되면 바라보는 시점과 대상이 '성공적인 팔로워'에 멈추지 않는다. 시선은 오히려 성공적으로 팔로워 역할을 수행했을 때 자신에게 주어질 금전적 보상 또는 '리더'라는 지위에 가 있다. 팔로워로 살아가지만, 머릿속에는 리더로 가득한 시기이기도 하다. 때때로 리더의 흉내를 내보기도 하고, 현재 마음이 안 드는 부분에 대해 리더에게 자신이라면 이러이러 하겠다는 의견을 피력하기도 한다. 업무나 맡은 바 역할에 대해서 열의와 적극성이 최고조에 이르고 조직 업무에 대한 자발적인 기여와 동참 또한 최고 수준을 보인다. 반면, 자신과 같은 생각을 갖지 않은 다른 동료 팔로워들에 대해 비난하거나 '나는 리더는 아니지만 그렇다고 당신들과 같은 레벨의 사람은 아니다'는 식으로 다른 동료들을 자기 자신으로부터 분리해냄으로써 자신의 역량을 차별화하려는 성향을 보이기도 한다.

이러한 팔로워십이 적절한 보상을 통해 강화되면 조직과 혼연일체가 되어 더욱 열심히 살아가는 긍정적인 모습을 보이게 되지만 방향이 틀어져서 다른 방향으로 지나치게 강화가 되면 다음에 알아볼 '거래의 팔로워십'으로 변질이 되기도 하고, 기대에 비해 적절한 보상을 받지 못했을 경우 조직에 대한 애정과 자신의 역할에 대한 의욕이 떨어져 조직으로부터 이탈하려는 모습을 보이기도 한다.

3. 거래의 팔로워십

거래의 팔로워십은 그 자체가 나쁜 것은 아니다. 다만, 거래의 팔로워십이 발휘되는 경우 대부분이 '팔로워십' 보다 '거래' 에 팔로워의 모든 초점이 맞춰지는 경우가 많은 것이 문제가 된다. 우리가 사는 사회에서는 어떠한 조직에서든 일방적이고 순수한 팔로워십 그 자체만을 발휘하도록 요구할 수는 없다. 분명 그에 걸맞은 반대 급부를 반드시 제공해야 한다. 심지어 부모자식 관계에서조차도. 하지만 그것이 지나쳐서 팔로워십을 오로지 거래의 대상이나 리더와 흥정을 하기 위한 밑천으로 삼는다면 곤란하다. 특히 이러한 팔로워십을 발휘하는 팔로워들이 많아지면 조직 전체가 온정주의적이거나 상호 이해하는 분위기보다는 흥정과 상호 비교, 경쟁하는 분위기로 변질되고, 이로 인해 조직 자체의 피로도는 말할 수 없이 높아지게 된다.

거래의 팔로워십을 보유한 팔로워들의 특징은 리더와 자신, 조직과 자신을 절대적으로 동등한 위치에 두고 모든 의사 판단과 결정을 하는 데 있다. 앞서 사례로 들었던 조세 포탈 혐의로 조사를 받았다는 선박 사업가가 바로 거래의 팔로워십을 발휘하는 전형적인 팔로워에 가까운 유형이다. 그에게 있어 대한민국과 대한민국의 세무당국은 자신보다 우위에 있으면서 자신을 리딩하는 존재가 절대 아니다. 필요에 따라서 서로를 선택하여, 계약관계를 맺고, 이용하다가 필요성이 없어지면 언제라도 서로 관계를 끊을 수 있

따라야 따른다

는 거래의 대상일 뿐이다.

비슷한 사람들로는 자신의 능력에 대해 지나치게 맹신하거나 자부심을 갖고 다른 회사로의 이직을 고려하는 팔로워들 또한 일종의 거래의 팔로워십을 보일 때가 많다.

그런데 여기서 한 가지 생각해 봐야 할 것은, 대부분의 리더들이 이러한 '거래의 팔로워십'을 발휘하는 팔로워들을 팔로워십이 없거나, 조직에 대한 애정이 없는 존재로 매도하고 배척하려 한다는 점이다. 자기 존재에 대한 객관적인 평가는 하지 않은 채 '거래 조건'만을 지나치게 강조하며 조직의 분위기를 흐리는 일부 잘못된 팔로워들이 있기는 하지만, 이 거래의 팔로워십도 분명히 팔로워십이고, 이러한 팔로워십을 보유한 팔로워들이 '조직의 성과주의 강화', '경쟁을 통한 조직의 발전과 영역 확장', '리더들 스스로의 발전에 대한 동기부여' 등에 기여하는 바가 대단히 크다는 사실도 알아야 한다. 제대로 된 리더라면 거래의 팔로워십을 발휘하는 팔로워들을 조직에서 없애려 하기보다는 그들이 거래 조건에만 매몰되지 않고 팔로워로서 적절한 역할을 발휘하도록 잘 이끌어 주기 위해 노력하는 것이 옳을 듯하다.

09

팔로워십은 유쾌하다

|

FOLLOWERSHIP

많은 분들이 묻는다.

"그런데, 리더십과 팔로워십의 가장 큰 차이가 무엇입니까?"

그에 대한 나의 대답은 항상 똑같다.

"팔로워십이 리더십보다 훨씬 유쾌하지요."

그러면 당연히 또 다시 묻는다.

"왜 팔로워십이 리더십보다 훨씬 유쾌하지요?"

그 물음까지 나오면 나는 조금 더 자세하게 그 이유를 하나씩 얘기해 준다.

자, 그럼 팔로워십이 리더십보다 왜 더 유쾌한 것일까?

따라야 따른다

우리들이 사장이요

첫째, 팔로워십이 살아나면 사장과 같은 책임을 지려는 구성원들이 늘어난다.

미국 하와이에 사령부를 두고 있는 JPAC Joint POW/MIA Accounting Command(합동 전쟁포로 및 실종자 발굴 사령부)는 전 세계에 있는 미군 전쟁포로와 실종자들을 찾아내어 생환시키거나, 전사자의 유해를 발굴하여 미국에 있는 유족들의 품으로 되돌려 보내 주는 일을 하고 있다. 그들은 2000년대 초반 우리나라 육군본부와 함께 6.25 한국전쟁 당시 충북 북부지역에서 벌어진 전투에서 사망한 미군 유해를 발굴하기 위해 대대적인 작업을 했던 적이 있다. 정확한 전투 발발지역을 알아야 발굴 작업이 용이하기에 그들은 인근 지역에 거주하던 한국인 참전용사 몇 분과 인터뷰를 진행했고, 그들이 들려준 한국전쟁 당시의 이야기는 이후 미군 내에 알려져 한동안 큰 감동을 전해 주었다고 한다.

알다시피, 한국전쟁 초기 한국군의 무기라고 해봐야 패퇴한 일본군으로부터 빼앗은 구식 개인화기에 미군으로부터 막 지원받기 시작한 포 몇 문이 전부였다고 한다. 반면 북한군은 소련으로부터 지원받은 전차와 각종 신형 개인화기로 무장해 우리와는 비교할 수도 없이 막강했다. 게다가 우리는 군인도 부족했다. 그래서 당시 한국군에서는 종래의 정규 병력 외에도 주둔지에서 현장 모병 활동을 통해 부족한 병력을 충원했다. 우리가 아는 군번도 없는 무명 용사니, 아직 옛된 학도병이니 하는 분들이 다 이런 식으로 충원된 병력들이라고 한다. 한 참전용사는 그렇게 모인 병력들로 구성된 부대가 방어하고 있던 곳으로 북한군의 주력 전차부대 중 하나가 돌진하며 벌어진 이야기를 들려주었다.

그의 증언에 따르면 모인 부대원 중 누구도 '분대장'을 맡겠다고 나서는 이는 없었다. 추천을 받은 부대원 모두 "저는 아직 그런 자리 맡을 감이 안 됩니다", "저보다야 저기 형님이 훨씬 낫지 않겠습니까?"하며 서로 분대장을 맡으라고 자리를 양보했다고 한다. 한편 몰려오는 전차를 저지할 수 있는 유일한 방법은 포판을 등에 지고 적 전차에 최대한 가깝게 접근하여 전차의 무한궤도 바퀴 사이에 수류탄이나 고폭탄을 밀어넣는 방법 뿐이었는데, 분대장을 맡겠다는 사람이 없었던 것과 달리 살아 돌아올 확률이 거의 없는 그 임무를 맡겠다고 나선 이는 셀 수 없이 많았다고 한다.

조사를 맡은 미군측의 사고방식으로는 도저히 이해할 수 없는 이야기에 미군 장교가 통역을 맡은 한국군 장교에게 왜 그때 다들 그런 행동을 했는지 물어보도록 했다. 그러자 참전용사는 대수롭지 않다는 듯 대답했다.

"그땐 다 그랬어. 우리 부대, 우리 마을이 위험하다는데 분대장이면 어떻고, 분대원이면 어때. 그냥 쏘고 뛰고 한 거지."

그런데 이런 일이 비단 전시에, 한국이라는 특수 상황에서만 일어나는 일일까?

미국 델라웨어Delaware주 뉴어크Newark시에 있는 섬유회사인 고어 사의 정식 회사 명칭은 'W. L. Gore & Associates', 우리말로 하 면 W. L Gore와 협업자 또는 동료들 정도가 되겠다. 회사 명칭에 도 나와 있듯 이 회사는 지금도 세계 섬유시장을 쥐락펴락하는 거 대 화학기업인 듀퐁DuPont에 다니던 월버트 고어Wilbert L. Gore가 권위 적이고 수직적인 조직문화를 견디지 못하고 1958년 독립하여 세운 회사이다. 그렇기에 회사명에 창업자인 고어의 이름이 들어가는 것은 이해하겠는데, 협업자 또는 동료들을 뜻하는 '어소시에이츠 Associates'는 왜 들어가게 된걸까?

이는 고어가 이 회사를 처음 설립하던 무렵으로 돌아가서 생각 해 보면 쉽게 찾을 수 있는 답이다. 고어는 당시 다니던 회사의 수 직적이고 딱딱한 체계를 견딜 수 없었다고 한다. 그가 원하던 직장 의 모습은 '카풀Car Pool'에 탄 승객들의 모습. 즉, 하나의 공간에서 한 방향을 향해 달려가고 있지만 '운전사—승객'이라는 딱딱한 구 분 없이, 어떤 날은 운전사, 또는 차 주인이 되고 다른 날은 또 승객 이 되어 '효율적으로 함께 차를 나눠 타고 목적지까지 간다'는 공 동의 목표를 달성하는 바로 그런 모습이어야 한다고 생각했다. 따 라서 회사를 설립하는 오늘은 고어 자신이 사장이지만, 다른 순간 에는 '직원Employee'이 아닌 '동반자Associates'들 중 누군가가 회사의 주인이 되어 고어사를 이끌어 가야 한다는 생각에 회사의 이름을

'W. L Gore & Associates'로 지었다는 것이다.

그러한 창립 이념을 바탕으로 고어는 수평적인 조직을 만들었다. 명령 계통도, 사전에 정해진 의사소통을 위한 의례적인 회의나 정례 협의체 등은 아예 존재하지 않는다. 원하면 누구든지 직접적인 의사소통을 할 수 있고, 경험과 경륜이 있는 이(통상 우리 직장에서 '상사'라고 일컬어 지는)는 '리더'나 '상사'가 아닌 '스폰서'가 되어 다른 이들이 자신의 일을 보다 쉽게 하면서도 잘 할 수 있도록, 맡고 있는 프로젝트에 전념할 수 있게 도와준다.

특히 인상적인 것은 고어사의 모든 직원은 회사가 해야 할 일을 정의하고 스폰서의 지원을 받아서 추진할 수 있는 권한이 있다는 것이다. 즉, '어? 이 분야에 이렇게 좋은 사업 기회가 있네? 이거 우리 회사가 한번 추진해 보면 좋겠는데?'라는 아이디어가 떠오르면 스폰서와 상의해서 그를 보다 구체화 시키고 그것이 어느 정도 가시화 되면 그것이 곧 회사 전체의 사업 또는 제품이 되어 개발과 생산, 판매를 추진할 수도 있다는 것이다. 또 필요한 경우 리더를 둘수도 있으나, 조직 운영상 필요하거나 인적 보상을 위해 경영진이 일방적으로 리더 또는 조직의 장을 지명하는 일반적인 다른 회사들과 같은 방식이 아니라 구성원들이 '선출'이라는 방법을 통해 자신들이 추진하고 있는 프로젝트를 보다 잘 추진하기 위해 여러 제반 업무와 일정 등을 가장 잘 조율할 수 있을 만한 사람을 리더의 자리에 세우는 방식이다. 따라서 리더는 단순히 '역할의 개념'일 뿐 절대로 상급의 직위를 의미하지는 않는다. 그러므로 말단 직원이라도 해당 프로젝트에 대해서는 리더가 될 수 있고, 입사 30년차 직원이라도 하부 구성원이 될 수 있으며, 그 프로젝트가 끝나면 리더였던 사람은 다시 다른 프로젝트의 일반 구성원이 되어야 한다.

이러한 역동적인 조직 운영은 구성원들의 팔로워십 증진에 지대한 기여를 하였고(회사를 대표하는 웹페이지에 '팔로워십'의 중요성과 가치에 대해 가장 정확하고 분명하게 명시한 거의 유일한 회사가 바로 고어사다), 그들은 한 명 한 명이 고어사를 대표하는 사장이라는 생각으로(실제로도 그런 것이 일부 프로젝트의 경우, 심지어 사장이 팔로워가 되고 입사한 지 3년 밖에 안된 이가 리더가 되어 수행하는 경우도 있었다고 한다) 자신이 가진 모든 것을 쏟아 부었고, 그런 성과는 '세상에서 가장 유명한 섬유'이자 '세계에서 가장 비싸면서도 없어서 못 파는 섬유'인 고어텍스GORE-TEX®fabrics의 탄생으로 이어졌으며, 그 결과 회사는 포춘 Fortune 선정 '미국에서 가장 일하고 싶은 기업 100'에 수십 년간 연속으로 포함되는 쾌거를 이루게 되었다.

'대장 누가 할래?'라는 말에는 별 관심이 없지만, '이 임무 누가 할래?'라는 질문에는 서로 자기가 하겠다며 사지로 뛰어드는 강한 전투력의 부대.

'사장이 누구입니까?'라는 질문에는 아무도 답을 하지 않지만, 결정을 내려야 할 중요한 상황에서는 모두가 책임감을 느끼고 참여해서 자신의 일처럼 혼신을 다해 몰두하는 고어사 같은 회사.

이런 조직은 강력한 리더십만으로는 절대 만들어 질 수 없다. 뚜렷한 사명과 조직의 목표를 공유한 상태에서 효과적인 리더십에 더해 구성원들의 적극적인 팔로워십이 있어야 비로소 완성이 될 것이다.

사라진 김 기사

둘째, 팔로워십이 살아나면 구성원들의 방향성 통일이 이루어진다.

내가 강의를 할 때나 기고를 할 때 가끔씩 써먹는 이야기 하나가 있다.

한 임원이 부하 직원들과 함께 차를 타고 새롭게 건설될 지방 사업장 부지를 시찰하러 내려가게 되었다.

운전은 가장 어린 김 대리가, 그 옆 조수석에는 차의 주인인 임원이, 운전석 바로 뒤편 자리에는 가야 할 곳의 위치를 알고 있는 최 과장이 지도를 들고 앉았고, 그 옆 자리에는 오 부장이, 가운데 자리에는 막내 사원이 끼어서 앉게 되었다.

이 모습을 보고 신들끼리 내기가 붙었다.

"저 차를 이끄는 리더는 과연 누구일까?"

그들이 돈을 거는 사이에 점심식사를 하기 위해 차가 한 식당 앞

따라야 따른다

으로 접어들었다. 식당 종업원은 얼른 뛰어나와서 뒷자리 문을 열고 오 부장이 편히 내리도록 했다. 종업원의 상식으로는 운전석 대각선 뒤편 자리가 '리더의 자리'였다. 오 부장에게 베팅한 신들은 환호를 질렀다.

하지만 식사를 마치고 출발한 지 조금 지났을 무렵 최 과장은 식당에 지도를 놓고 왔다는 것을 뒤늦게 알게 되었고, 심지어 자신이 알고 있던 방향과 다른 방향으로 안내하고 있었음을 깨달았다. 차는 산골짝 외진 곳에서 길을 잃고 말았다. 모두의 운명은 최 과장의 기억력 하나에 달려 있었다. 이번에는 최 과장이 리더일 거라고 베팅한 신들이 환호를 질렀다.

결국, 차는 겨우겨우 제대로 된 길로 접어들었다. 그 순간 운전대를 잡고 있는 김 대리가 리더일 거라고 베팅했던 한 신이 번개를 내리쳐서 길을 허물어 버렸다. 그에 놀란 김 대리는 핸들을 꺾었고 차는 시궁창에 처박혀 버렸다. 김대리에게 베팅한 신은 환호했다.

"역시, 운전대를 잡고 있는 사람이 대장이지."

그때였다. 조수석에서 겨우 빠져 나온 임원이 '내 차, 내 차'라고 울부짖으며 보험사에 전화를 했다. 그동안 침묵하고 있던, 임원에게 베팅한 신들이 손뼉을 마주치며 환호했다.

물론 웃자고 한 이야기지만, 조직은 이처럼 같은 차를 타고 가는 일행과 같은 운명이다.

차를 타고 길을 떠났을 때 차 주인이 리더인가? 운전자가 리더인가? 상석에 탄 사람이 리더인가? 아니면, 지도를 들고 있거나 길을 잘 찾는 사람이 리더인가?

답은 모두가 리더이다. 여기서는 자동차 한 대에서 벌어지는 일이지만 한 사람 한 사람이 어떻게 판단하고 어떤 의사결정을 내리느냐에 따라 실제 현실에서는 한 가정, 한 조직, 한 기업, 한 국가의 운명 자체가 뒤바뀔 수도 있다. 이 얘기는 거꾸로 모두가 팔로워일 수도 있다는 얘기이다. 누가 리더가 되어서 차를 끌고 가던지 다른 나머지 탑승객이 어떠한 팔로워십을 발휘하느냐에 따라 리더의 선택과 행동은 전혀 달라지게 되고 그가 이끄는 자동차 전체의 운명도 바뀌게 된다는 얘기다.

이러한 상황에서는 모두가 저마다 리더십을 발휘하려는 모습보다는 적극적으로 팔로워십을 발휘하려는 모습이 조직을 훨씬 더 유쾌하게 만들어 준다.

모두가 자신이 리더라는 생각으로 자기 주장만을 앞세울 때의 모습을 상상해 보자.

실제 법적으로 차량의 소유주이자 직급이 가장 높은 임원이 이렇게 말한다면 어떻겠는가?

"야! 김 대리! 운전 좀 제대로 못해? 차 고장 나겠다. 왜 그렇게 확확 모는 거야? 차 부서지면 네가 책임질 거야?"

그러면 운전을 하던 김 대리는 혼자 생각할 것이다.

'아 진짜, 이깟 중형차 갖고 온갖 똥 폼은. 핸들을 그냥 확 꺾어 버릴까 보다. 운전대 잡고 있는 사람이 대장인데. 잔소리는……."

김대리는 은근슬쩍 급정거와 격한 핸들링 몇 번을 통해 분풀이를 할지도 모른다.

그때, 원래대로라면 가장 상석 자리에 앉아있던 오 부장도 지도를 보던 최 과장을 타박하기 시작한다.

"최 과장 너는 지도를 도대체 어떻게 본 거야? 이 길 맞아? 내가 너 때문에 불안해서 뒷자리라고 맘 편히 앉아 있을 수가 없다."

반면, 팔로워십이 살아날 때의 모습을 상상해 보자.

"김대리 완전 레이서네 레이서. 운전 기가 막히게 잘 하네. 언제나 좀 가르쳐 줘."

임원이 이렇게 말하자, 운전을 하던 김 대리가 대답한다.

"아닙니다. 상무님. 이 차 구닥다리 제 차랑 핸들 감이 완전히 틀리네요. 차 잘 뽑으신 것 같습니다."

그러자 그 말을 듣고 있던 오 부장도 말을 보탠다.

"아, 오늘 출장에 다들 기여를 하는데 나만 본의 아니게 어울리지 않게 뒷자리에 앉아서 편하게 가는 것 같아 죄송하네요. 근데, 최 과장 자네 완전 인간 네비게이션이군. 그냥 눈앞에 목적지가 훤하게 보인다."

팔로워십이 살아나는 조직에서는 이처럼 그 조직의 주인이 누구인지는 크게 중요하지 않다. 앞서 말했던 것처럼 모두가 주인이라 생각하는 구성원이 늘어나서이기도 하지만, 서로를 주인으로 만들어 주는 데에 능한 조직 구성원들이 만들어 내는 유쾌하고 따스한 분위기와 문화 때문이다.

정말 유쾌하지 않은가?

대한민국 해병대, 호남향우회, 그리고 고대

셋째, 팔로워십이 살아나면 구성원 사이에 조직에 대한 일체감이 형성된다.

우스개 소리 중에 이런 얘기가 있다.

"세 친구가 있는데, 한 명은 외국에서 MBA를 마치고 외국계 투자은행에서 근무하고, 다른 한 명은 서울대에서 경영학 박사학위를 따고 대학 교수로, 마지막 한 명은 대학 졸업 후 그냥 평범한 회사원으로 근무하고 있었다. 20년 뒤 세 명 중에 한 명이 크게 성공을 하게 되는데 과연 누구일까?"

이 질문에 대한 대답은 여러 가지가 있겠지만, MBA 출신의 외국계 은행원이나 경영학 박사 출신의 대학교수 둘 중 한 명을 꼽는 것에 대해서 크게 반대할 사람이 없을 것이다. 하지만 우스개 소리에서의 답은 그냥 평범한 회사원이었다. 이유는?

"평범한 회사원은 전라도에서 태어나서 서울로 올라와, 고대에 입학한 뒤 해병대를 다녀와서 고대를 졸업했다."

단순히 농담이지만, 실제로 사회생활을 해보면 '호남향우회', '고대교우회', '해병대전우회'만큼 끈끈하게 뭉쳐서 자신의 이득을 바라지 않고 진심으로 밀고 당겨주는 조직이 의외로 정말 많지 않다는 것에 놀라게 된다. 그와 동시에 이들 세 모임의 가치와 저력(긍정적인 의미에서건, 부정적인 의미에서건)에 대해 새삼 깨닫게 된다.

그런데 이러한 조직의 문화들은 이제 사라지고 있는 구시대의 유물일까?

그리고 이러한 문화는 배척해야 하는 악습이기만 한 것일까?

여기서 잠깐, 옛날 이야기 하나를 예로 들어 보자.

1518년 신성로마제국의 스트라스부르[12] 중심부에 있는 대성당 앞 광장에 한 여인이 등장했다. '프라우'라고 불리던 이 여인은 갑자기 격렬한 춤을 추기 시작했다. 처음엔 그저 정신나간 여자의 발작이려니 했던 구경꾼은 춤이 거듭될수록 몇 배로 불어났고, 심지어 그 중 몇몇은 광장 가운데로 뛰어나와 프라우 여인과 함께 춤을 추기 시작했다. 수많은 군중이 몰린 춤판이 사고나 폭동으로 이어질 것을 염려한 스트라스부르 영주는 군사들을 보내 춤판을 해산시키도록 명했다. 하지만 출동한 군사들마저 춤판에 휩싸여서 군복을 벗고 춤을 추기 시작했다.

---

12 현재는 프랑스의 스트라스부르 시

이 얘기는 결말 부분에 몇가지 이론異論이 있다. '몇날 며칠 춤판을 벌이던 군중들은 이후 탈진하여 자진 해산했다' 는 지극히 평범하고 예측가능한 결말부터 '잠도 자지 않고 식사와 배변도 춤을 추면서 해결하던 군중들은 하나 둘 쓰러져서 죽어갔고, 결국 400명 이상이 사망했다' 는 끔찍한 결말까지 다양하다. 그 이유에 대해서도 '어떠한 종교나 정치적 신념에 따른 일종의 계획된 집단 군무였다' 는 신빙성 높아 보이는 것부터 '콜레라나 장티푸스 등에 감염된 환자들의 집단 발작 증세 였다' 는 보다 과학적인 이유를 비롯해서 '춤으로 사람을 현혹시키려던 마귀의 저주였다' 는 다소 황당한 이야기까지 다양하다.

이를 두고 사람들은 '세인트 바이러스Saint Vitus' 라 부르며 집단 발작의 대표적인 사례로 들곤 한다. 최근 들리는 이야기로는 군중들의 집단 행동과 그 파급 효과를 두려워 한 중세 군주들이 이를 마귀의 사주를 받은 마녀의 소행으로 몰고간 것이고, 실제로는 현재의 플래쉬 몹Flash Mob[13]과 같은 군중들의 유쾌한 춤판이었다는 것이 정설로 받아들여지고 있다.

그런데 이와 비슷한 춤판이 현대에도 벌어지고 있다.

---

13 Flash Mob. 사용자가 갑자기 증가하는 현상을 뜻하는 'Flash Crowd' 와 뜻을 같이하는 군중을 뜻하는 'Smart Mob' 의 합성어로, 이메일이나 SNS 같은 온라인을 통해 뜻을 같이한 대중이 특정한 장소에 모여 사전 약속된 동작 등을 짧은 시간 내에 한 뒤 해산하는 놀이문화

필리핀의 유명한 휴양 도시 세부Cebu.

고운 모래사장과 에메랄드 빛깔의 바다, 그리고 야자수와 온화한 태양.

휴양도시에 필요한 모든 것을 갖췄음에도 불구하고 세부는 휴양지로는 물론, 세계에서 가장 범죄율이 높은 곳으로도 악명이 높다. 그나마 다행인 것은 다른 필리핀 지역은 무장반군, 강도 살해범 등 포악한 범죄자가 대부분임에 반해 세부 지역의 범죄자들은 여행객을 대상으로 한 날치기, 소매치기, 절도범 등 비교적 가벼운 죄를 범한 경우가 대부분이라는 것이다.

세부 지역의 그런 범죄자들을 수감하는 세부 형무소 내 사무실에서 어느 날 작은 소동이 벌어졌다. 만기 출소 또는 가석방 명령을 받은 수감자들이 출소 전 마지막 면담을 하는 사무실에서 한 재소자와 면담을 맡은 교정위원들 사이에 실랑이가 벌어졌다.

"일주일만 더 있겠습니다."

"안됩니다. 규정이라는 것이 있습니다."

"그래도 예외라는 것이 있지 않습니까?"

"자꾸 고집을 피우면 우리가 곤란해 집니다. 이제까지 이런 경우는 없었어요."

"그러니까 이렇게 부탁 드리지 않습니까?"

"허……."

"딱 일주일만 더 있도록 해 주십시오."

"우리 입장 곤란하게······."

모르는 사람이 들으면 어느 것이 재소자의 말이고, 어느 것이 교정위원의 말인지 잘 분간이 가지 않을 것이다. 형무소에 더 있겠다는 것이 재소자의 이야기이고, 규정에 따라 그렇게는 안 된다는 것이 교정위원의 이야기이다. 왜 이런 일이 벌어졌을까?

이 감옥이 레오벤 형무소[14]처럼 지내기에 쾌적해서? 그건 아닌 것 같다. 이 형무소는 개소 당시부터 수용 규모에 비해 몰려드는 범죄자의 수가 너무 많아 최소한의 편의시설만 갖춘 상태로 운영될 정도로 열악한 수용 환경으로 악명이 높았기 때문이다.

다만 이 형무소에 한 가지 특별한 것이 있다면 그것은 바로 처음에는 교정 목적으로 시작했지만, 이제는 전 수감자의 열띤 참여를 통해 교정 프로그램 수준을 뛰어 넘어 해외 관광객 유치까지 하고 있는 재소자 집단 댄스였다.

단 하루라도 무조건 일찍 출감하고 싶어하는 수감자들의 특성과 달리 며칠간만 더 형무소에 머물 수 있도록 해달라고 애원하게 만든 것도 바로 이 재소자 집단 댄스였다. 이 수감자의 경우 오랫동안 동료들과 손발을 맞춰 준비해 온 공연을 얼마 앞두고 자신의 가

---

14 Justizzentrum Leoben. 오스트리아 레오벤 지역에 있는 형무소로 절도범을 주로 수감하며 Volpesiedlung등 공동주택을 주로 디자인한 유명 건축가인 Josef Hohensinn이 디자인한 최첨단 건물에 인터넷, TV등이 갖춰진 초호화 감옥으로 유명하다.

따라야 따른다

석방 일자가 정해지자 공연 이후로 가석방 일자를 미뤄달라고 교정당국 측에 부탁을 한 것이었다. 결국, 이 수감자는 단 며칠이었지만 수감 기간을 연장할 수 있었고 며칠 뒤의 공연에 메인 댄서로 훌륭하게 공연을 마칠 수 있었다.

이와 비슷한 일이 우리 주변에서도 심심치 않게 일어난다. 대한민국 젊은 남성이라면 당연히 가야 하지만 그만큼 얼른 마치고 싶은 애증의 대상인 군대에서 그토록 기다리고 기다리던 전역 일자를 조금 늦춰달라고 부탁하는 장교나 사병들의 이야기가 신문 지상에 심심치 않게 보도 되곤 한다. 자신이 참여하여 준비하던 중요한 훈련이나 시범행사 등을 성공적으로 마치고 전역하기 위해 그렇게 기다리고 기다리던 전역 일자를 며칠 늦춰주기를 군당국에 요청했다는 이야기이다.

만일 세부의 형무소 수감자에게 '당신 우리 공연을 위해 출소 일자를 며칠 미뤄야 겠소'라고 했다면, 전역을 앞둔 병사에게 '너 이번 훈련 한 번 더 뛰고 전역해라'라고 했다면? 과연 그들이 흔쾌히 자신이 그토록 기다리던 출감과 전역을 뒤로 미뤘을까?

이는 자발적인 기여 욕구, 자발적인 동참 욕구가 조직의 일에 대한 몰입을 가져왔고, 그러한 몰입이 조직과 나의 일체감을 유발시켰으며, 그 결과가 유쾌한 자기 희생으로 보여진 사례라고 할 수 있다.

고대, 호남향우회, 해병대 출신들의 특징은 바로 이런 조직과 자신의 일체감을 형성하고 그를 표출하는 데 매우 능하다는 점에 있다. 그렇다 보니 고대 출신들은 술 한잔 걸치면 식당이나 길 위에서 다른 사람들의 눈에는 다소 우스꽝스러울 수도 있는 동작을 곁들여 응원가를 부르고, 구호를 외치고, 졸업한 지 수십 년이 지나도록 교가를 부를 때는 습관처럼 옷매무새를 가다듬는다. 호남향우회 회원들도 만나면, 고향을 떠나온 지 수십 년간 어렵게 고치고 또 고치면서 잊어버리려고 노력했던 전라도 사투리를 하면서 동질감을 만끽하고 즐거워 하는 것이다. 해병대는 더 말할 것도 없다. 불과 얼마 전에도 후배들과 저녁식사를 하는데 창 밖으로 고성이 들리기에 내다 보았더니 식당 근처에 있는 한 대학의 해병전우회 회원들이 모임을 하는 날이었던지, 전투복 하의만 입고 웃통을 벗은 채 군가를 부르며 깃발을 앞세우고 술집으로 가득찬 거리 한복판을 뛰어가는 모습을 보았다. 웃통을 벗은 학생들 모두 명문 사립대로 알려진 그 학교의 재학생일 텐데, 그들이 다른 모임에서였더라면 그렇게 기꺼이 시내 한복판에서 웃통을 벗어 제낄 수 있었을까?

물론 이는 아주 단편적인 예지만, 만일 구성원들이 현재 자신이 일하고 있는 회사나 몸담고 있는 팀에 대해 이런 감정을 느끼게 된다면 어떻게 될까? 일체감 속에 조직의 이름을 외치지 못해 안달인, 조직을 위해 춤추지 못해 안달인, 열정으로 미쳐 날뛰는 구성원들이 많아진다면, 그래서 고대, 호남향우회, 해병대보다 더 끈끈한 애정과 서로에 대한 관심으로 서로 밀고 당겨주는 데서 부담보다는 오히려 기쁨을 느끼는 조직이 된다면…….

상상만 해도 유쾌하고 흥분되는 일이 아닐까?

팔로워십에 창의력의 원천이 있다

넷째, 팔로워십이 살아나면 구성원들의 머리가 좋아진다.

팔로워십이 강해지면 구성원들의 머리가 좋아진다니 이게 무슨 말일까?

보다 평이한 말로 풀어 쓰자면, 팔로워십은 리더십보다 창의력에 대한 기여가 크다는 말이다.

같은 단합이라도, 리더십에 의한 단합이 '일사불란'이라면 팔로워십에 의한 단합은 '의견합의', '일심단결', '일심동체'이다. 즉, 리더십이 물리적인 단합에 기여한다고 하면, 팔로워십은 정신적인 단결에 효과적이라는 이야기이다.

예전 우리나라 굴지의 광고회사에서 스타 카피라이터로 성공한 뒤 독립하여 광고 기획회사를 운영하는 이가 해준 이야기가 있다. 그는 예전의 광고회사에 근무할 당시 두 분의 상사를 모셨었다고 한다.

그 중 한 분은 유명한 스타 카피라이터 출신으로 탁월한 혜안과 놀라운 스토리 전개 능력 등이 업계에서도 세 손가락 안에 꼽힐 정도로 유능한 사람이었다. 그 상사는 어떤 프로젝트를 맡게 되면 늘

단호하고도 명쾌하게, '이번에 이러이러한 고객에게 광고대행 제안을 드려야 하니, 좀 창의적인 아이템이나 기획 좀 가져와 보란 말이야! 일단 너는 A를 찾아오고, 너는 B사 사례 좀 가져와 봐, 그리고 넌 C랑 D 좀 구해오고' 라고 하셨단다.

다른 한 분 역시 유능한 카피라이터로 유명했지만, 프로젝트 관련 회의 준비를 시키는 스타일은 판이하게 달랐다고 한다. 전체 프로젝트 방향과 접근 포인트에 대해 긴 시간 동안 자유롭게 이야기를 나눈 뒤 이야기의 말미에, '이번에 이러이러한 고객에게 제안을 드려야 하는데, 다음에 그에 대해 얘기해 보자' 라고 툭 던질 뿐이었다고 한다.

며칠이 지난 뒤 모여보면 첫 번째 상사를 모실 때는 진짜로 한 사람은 A를, 다른 사람은 B를, 나머지 사람들은 C와 D만 준비해서 회의실에 모였다고 한다. 그런데, 두 번째 상사를 모실 때는 물론 초기에는 준비가 부족하거나 중복된 자료 준비로 몇 차례 혼란을 겪었지만, 이후 팀원들끼리 자체적인 조정 활동을 통해 나중에는 한사람이 예전의 A, B, C, D는 물론 E, F까지 모두 챙기고, 다른 사람은 전혀 생각지도 못했던 다른 자료들과 창의적인 아이템을 발굴해 오기 시작했다고 한다.

강력하고도 카리스마 넘치는 리더십은 체계화, 속도, 효율화 등을 필요로 할 때는 분명 조직 내에서 꼭 필요한 영향력이다. 앞서 언급했던 것처럼 아무것도 손에 쥔 것 없이 전 세계의 경쟁자들과

따라야 따른다

결정을 내려야 할 중요한 순간
모두가 책임감을 느끼고 참여해서
자신의 일처럼 혼신을 다해 몰두하는 조직은
강력한 리더십만으로는 절대 만들어질 수 없다

싸움을 치뤄내야 했던 6, 70년대에는 분명 유효했다. 하지만 갈수록 그 중요성이 증가하고 있는 팔로워들의 창의력과 혁신적 마인드, 변화 적응과 새로운 가치 발굴 능력을 발휘하는 데는 이러한 주도적인 리더십이 도움이 되지 않는 것은 틀림없다.

자신이 모든 틀과 방향을 다 정해놓은 뒤에 바꿀 생각은 없으면서 회의 때마다, "자, 자유롭게들 얘기해 보라고. 요즘 친구들은 왜 이렇게 창의적이지 못해? 좀 빵빵 터지는 아이디어들 없나?"라고 리더가 묻는다면, 나머지 구성원들은 리더의 틀과 방향을 거스르지 않는 범위 내에서 어떻게 하면 '적절한 타협'을 통해 지금 이 시간을 무사히 마칠 수 있을지 그 방법을 찾아내는 데에만 모든 신경을 집중하고 있을 것이다.

직원들이 참신한 아이디어와 그를 현실화시킬 수 있는 방안을 끊임없이 생산해내는 세계 유수의 기업들을 보면 대부분 '창의적인 리더십' 보다는 '창의적인 팔로워십' 이 살아 숨쉬고 있다. 리더는 큰 틀에서의 범위와 방향만 정해주고 나머지는 팔로워들이 채워 나가도록 하는 방식을 통해 세계시장을 주도하는 혁신적인 제품들을 선보이고 있다.

우리도 반성해야 한다. 언제까지 위(경영진)에서 정해주는 목표를 달성하기 위해 원가를 낮추고 납기일자를 앞당겨서 물건을 시장에 푼 뒤 광고 공세를 하고, 매출 목표를 110% 달성해서 돈 버는 일을 계속하는 기업을 '세계 일류기업' 이라고 자랑스러워해야만 할까?

182

우리의 해외 경쟁자들은 구성원들이 스스로 목표를 정하고 그를 스스로 극복해서 전혀 차원이 다른 가치를 찾아내기 위해 자신의 창의력을 끊임없이 발휘하고 있는데…….

리더십 있는 부모는 팔로워십 있는 부모를 이길 수 없다

다섯째, 팔로워십이 살아나면 가정 생활도 유쾌해진다.

학교 선배님 중에 전직 경찰이 한 분 계신다.

이 분이 오래 전에 겪었던 일이라며 들려주신 이야기다.

당시, 선배님은 '경찰의 꽃'이라 불리는 총경계급으로 일선 경찰서에서 서장을 맡고 있었다.

그때 이 분에게는 늦은 나이에 본 어린 아들이 하나 있었는데, 지방 근무가 잦은 부모를 대신해서 할머니 손에 크다 보니 세상에 자기가 제일 귀한 줄만 알고 천지분별 못하고 버릇 없이 구는 것이 걱정이었다. 아빠는 무서워했는지 어릴 때부터 '아빠한테 이른다?' 하면 어느 정도 통제가 되었다고 한다.

그러던 어느 날 형수님이 선배님께 요즘 큰 걱정거리가 생겼다면서 아이가 학교에 가서 선생님의 말씀을 도무지 들으려 하지 않는다는 것이었다. 선배님은 대충 그 이유가 짐작이 갔지만 다시 확인하려고 퇴근 후에 아이를 불러 앉히고 학교에 가서 선생님 말씀을 안 듣는 이유를 물었다. 그러자 아이는, "아빠 회사에 가면 아저씨, 아줌마들이 모두 아빠한테 경례를 붙이고 꼼짝도 못하잖아. 선생님도 아빠 밑이잖아? 그런데 내가 왜 선생님 말을 들어야 해?"라고 했다고 한다.

다음날.

선배님은 1년에 한두 번, 경찰 창설일이나 본청 행사 때 입는 경찰 정복을 꺼내어 가슴과 어깨에 번쩍번쩍 빛나는 계급장과 휘장, 약장들을 죄 달았다. 그리고는 조금 늦게 출근하겠다고 경찰서에 연락한 뒤 아들을 차에 태우고 아들이 다니는 학교로 향했다. 아들은 '이게 왠 횡재지? 애들이 우리 아빠의 이런 모습을 보면 나한테 꼼짝 못하겠지?' 하는 생각에 기쁜 표정이 역력했다. 학교 밖 공용 주차장에 차를 세운 선배님은 아들을 앞세우고 학교 안으로 들어갔다. 멋진 제복을 입은 고위 경찰을 가까이서 처음 본 아이들이 몰려들어 두 사람을 빙 둘러쌌다. 하지만 선배님은 아무 말 없이 아들을 데리고 교무실로 들어갔다. 그리고는 아이의 젊은 담임 선생님을 향해 큰 소리로 '충성' 구호를 붙이며 경례를 했다. 그 모습을 본 아들은 엄청나게 놀란 표정이었다.

'아버지가 경례를 붙이다니. 선생님한테 아버지가 경례를 붙이다니……'

그리고 그 뒤에 선배님은 깜짝 놀란 선생님이 내준 의자에 다소곳이 앉아서 선생님이 하는 말씀을 공손하게 들었다고 한다.

따라야 따른다

얘기는 여기서 끝이다.

이 아들은 그 뒤 많은 사람들이 예상한 것처럼 선생님 말씀을 잘 듣게 되었고, 지금은 육군 장교로 훌륭하게 군생활을 하고 있다. 선배님은 몇몇 고위직을 거쳐 명예롭게 은퇴를 했다.

얼마 전, 이 선배님께서 저녁을 사주신다고 해서 시내 한 식당에서 다른 후배들과 함께 식사를 한 적이 있다. 술이 몇 잔 돌고 다들 거나하게 취하자 참가한 멤버 중 한 명이 자기 자식에 대한 푸념을 털어놓았다.

"형님은 그래도 자식농사 잘 지으셔서 좋으시겠습니다. 두 딸은 다들 명문대를 졸업하고 좋은데 시집가서 잘 살고, 아들은 지금 벌써 소령 달았다면서요? 어휴, 제 자식놈은 아직 사춘기라서 그런지 모르지만 왜 그렇게 부모 말을 들어 처먹지를 않는지. 마누라한테 들으니 학교 가서는 선생 말도 안 듣는다고 하데요. 형님은 어떻게 그렇게 애들을 말 잘 듣고 공부 잘하게 키우셨습니까?"

그러자, 이 사람 저 사람 술을 따라주던 선배님이 빙긋이 웃으며 거꾸로 물었다.

"그러는 자네는 애들 말을 얼마나 들어줬는가?"

"예?"

"자네는 애들 말을 얼마나 '들어 처먹어 줬냐'는 말일세."

"그게⋯⋯. 뭐 사달라는 거, 해달라는 거는 다 해줬지요. 능력 범위 내에서."

"아니, 그런 거 말고. 아이들이 하는 '이야기'를 얼마나 진심으로 들어줬냐는 말일세."

"그게, 들어 줬지요…… 들어 줬는데……."

"그리고 학교 가서 '선생이 하는 말'도 안 듣는다고 했는데, 당연하지. 애들이라고 '선생'이 하는 '말'을 듣고 싶겠나? 나라도 '선생이 하는 말'보다는 '선생님이 하시는 말씀' 쯤은 되야 듣고 싶은 마음이 생기겠네."

이후 우리 모두를 향해 선배의 '따름의 미학' 강의가 이어졌다.

"우리가 보통 빠지게 되는 오류가 바로 부모, 특히 아빠가 집안의 '리더'라고 생각하는 거야. 그리고 아이들에게 끊임없이 '리더인 나를 따르라'고 강조하지. 그래놓고는 또 아이들에게 '리더십을 기르라'고 요구하고. 아이들로서는 혼란에 빠질 수밖에 없지 않겠나?"

선배는 그에 대해 '팔로워십'이라는 단어를 쓰시지는 않았지만, '따름'과 '리더에 대한 존중'이라는 표현으로 가정 생활과 자녀 교육 시에 발휘되어야 하는 팔로워십의 필요성과 효과에 대해 많은 이야기를 하셨다.

그리고서는 수십 년 전 막내 아들의 학교에서 있었던 일에 대해 덧붙이셨다.

"내가 만일 그때 선생님께 찾아가서 예의를 표하지 않고, 무작정 아이에게 '너는 앞으로 선생님 말씀 잘 듣고, 따라야 해!'라고

따라야 따른다

윽박질렀다면 아이가 과연 내 말을 들었을까? 난 아닐거라고 봐. 아이가 학교 가서 선생님 말씀 잘 따르길 바란다면, 자네들이 먼저 '선생'을 '선생님'으로 모셔보라고. 아이들은 자연스럽게 따라 올테니."

이처럼 팔로워십은 자녀 교육을 포함해 가정 생활에서도 활용할 만한 부분이 매우 많다. 부부관계에도 마찬가지다. 부부 간에 서로 리더십을 발휘하기 보다는 서로 믿고 따라주며 부족한 부분이 있으면 지원하고 보완해주려는 팔로워적인 노력을 계속한다면, 훨씬 화목하고 유쾌한 가정 분위기가 조성될 것이다.

팔로워십이 살아나는 조직에서는
그 조직의 주인이 누구인지는 크게 중요하지 않다.
모두가 주인이라 생각해서이기도 하지만
서로를 주인으로 만들어 주는 데에 능한 조직 구성원들이 만들어 내는
유쾌하고 따스한 분위기와 문화 때문이다.

팔로워십으로
무장하라

followership

10

어떤 직원이 성공하는가?

|

FOLLOWERSHIP

최고의 경쟁력 1

착한 팔로워십을 가진 직원이 성공한다

지금은 폐기했지만, 얼마 전까지 세계적인 IT기업 구글Google의 슬로건은 '악해지지 말자! Don't be evil!' 였다. 이 슬로건을 두고 수많은 사람들이 그 진짜 속뜻이 무엇인지에 대해 갑론을박이 많았지만, 결론은 말 그대로 '악해지지 말자'는 뜻이었다.

반면, 한국의 기업들 중 상당수는 아직까지 대내외적으로 내세우는 인간상으로 '열정', '독함', '치열함', '악착 같음' 등을 들고 있다. 그리고 이력서상에 '본인이 리더십을 발휘해서 역경을 이겨낸 경험'을 쓰도록 하고 있고, 지독하고 집요하게 매달려서 어려움을 극복한 사람에게 서류전형이나 면접 시에 가산점을 부여하는 방식의 평가를 계속하고 있다.

물론 현재와 같은 치열한 시장환경에서 우리처럼 부족한 자원과 작은 국내시장을 보유한 나라의 기업들이 오래된 선진국의 기업문화나 직장 내 근무 분위기를 따라할 수는 없을 것이다. 같은 자원과 같은 역량을 가지고도 다른 해외의 경쟁자들보다 훨씬 더 나은 결과와 향상된 산물을 산출해 내려면 독한 근성과 지독함, 악착같은 경쟁의식과 과감한 도전정신이 필요할 것임은 자명하다. 하지만 그에 대해 지나치게 강조하는 문화 속에서 드러나 보이지는 않지만 조직의 발전에 꾸준하게 기여하는 '착한 인재'들이 도태되어 가고, 자기 자신만 돋보이는 것을 기대하며 주위는 물론 리더와 정면으로 맞서는 것을 꺼려하지 않는 인재들이 '싹수 있는, 천재성이 돋보이는' 인재로 오인 받으며 각광받고 있다.

어쩌다가 천재 한 명이 10만 명을 먹여 살릴 수는 있다. 하지만 장기적으로 성장하고 항구적으로 존재할 조직이라면 10만 명이 천재 한 명을 위해 희생하는 분위기가 되어서는 안 된다. 어쩌다 한번 등장할 천재 한 명을 바라보며 10만 명이 죽자 사자 매달리는 그런 조직이 되어서는 안 된다는 이야기이다.

윗사람을 잘 따르고, 윗사람의 의지를 달성하기 위해 때로는 우직하게 자신의 사생활을 포기하면서까지 진득하게 매달리는 그런 인재들이 어쩌면 우리에게 가장 필요한 인재들이요, 그런 인재들

따라야 따른다

이 제대로 능력을 발휘할 때 우리가 얻고자 하는 결과들도 얻을 수 있을 것이다.

이제 앞으로 다가올 시대는 독한 인재가 아닌 착한 인재의 시대이다. 조직적 성과를 낼 수 있는 인재는 착한 인재이다. 독함은 그저 표면적인 것일 뿐 내면이 강한 인재는 결국 착한 인재이다.

마찬가지 이유로, 리더는 직원들에게 독기보다 온기를 심어주어야 한다.

자신의 일을 독하게 하도록 다그치기보다, 자신의 일을 사랑하는 마음을 심어주어야 한다.

리더의 말을 지독하게 복종하도록 만들지 말고, 리더의 삶과 말을 사랑하도록 만들어야 한다.

최고의 경쟁력 2
상상력이 풍부한 팔로워십을 가진 직원이 성공한다

2011년 2월 중순.

부산을 떠나 광명으로 향하던 KTX열차가 광명역에 막 진입할 무렵 열차의 뒷부분이 탈선하는 사고가 나고 말았다. 탈선을 한 열차가 KTX 중에서도 코레일KORAIL이 자랑하는 최신형 열차인 '산천' 계열이었고, 공교롭게도 그 열차에 대통령 전용 칸으로 쓰이는 차량이 3칸이나 붙어 있었기에 사고의 여파는 상당히 컸다. 그런데 사고의 시작은 거창했지만 그 결말은 허무하기만 했다. 각 언론에서는 '우리나라 독자기술로 개발된 산천 열차 자체에 기술적으로 중대한 결함이 있을지도 모른다'는 기사를 내보내며 한창 열을 올렸지만, 정작 사고의 원인은 선로를 조정하는 장치 안에 들어있는 작은 너트 하나를 깜빡 잊고 조여놓지 않아서 생긴 것이었다. 해당 작업을 한 시간이 새벽 1시라고 했으니 야간 작업을 하던 인부들이 졸음을 못 이겨 그랬을 수도 있고, 그 작업을 담당한 인부가 해당 작업에 능숙하지 못한 초보여서 그랬을 수도 있다. 정확한 사고 조사 자료를 볼 수 없어서 이것들 중 어느 것이 정확한 이유인지는 모르겠으나, 최소한 그 너트를 제대로 조여놓지 않은 인부는 그 순간 만큼은 그 너트 하나가 260억짜리 기차 6량을 탈선시킬 수도 있음은 상상조차 못했을 것이 틀림없다(그걸 알고도 그랬다면 실로 대단한 배짱의 소유자임에 틀림없지만……).

그런데 이와 같은 일들이 비단 우리나라에서만 일어나는 것은 아닌 듯하다.

1985년 8월 도쿄 하네다 공항을 출발하여 오사카 이타미 공항으로 향하던 일본항공JAL 123편 비행기가 꼬리날개를 잃고 상공에서 표류하다가 군마현의 다카마가하라高天原산에 추락했다. 이 사고로 524명의 탑승객 중 520명이 사망했으며, 사망자 중에는 엄마 뱃속에 있는 아기도 포함되어 있었다고 하니 그 참상은 가히 상상도 할 수 없을 정도였다. 폭파에 의해 단시간 내에 추락한 것이 아니라, 방향타 역할을 하는 꼬리날개를 잃고 상공을 떠다니다 보니 비행기에 탑승하고 있던 승객들도 자신들의 운명을 어느 정도 알고 있었던지 수십 미터를 곤두박질치다가 다시 수백 미터를 솟구치며 요동을 치던 기내에서 몇 명의 승객들은 메모지를 꺼내 황급히 가족과 친구들에게 남기는 유서를 썼고, 그 중 몇 장은 추락 후 이어진 기체의 폭발 및 화재에도 불구하고 고스란히 남아 언론에 공개되었다.

특히 '마리코, 츠요시, 치요코, 부디 사이 좋게 지내고 엄마를 많이 도와드려라. 아빠는 정말 아쉽다. 아마 살지 못할 것 같다' 로 시작하는 한 직장인의 유서는 수많은 일본인의 심금을 울렸다.

그런데 이후 언론을 통해 보도된 내용에 따르면 이런 참극을 유발한 것이 테러나 기상 이변과 같은 인력으로 어찌할 수 없는 불가피한 원인이 아니라 어이없게도 '정비를 맡은 기사가 비행기의 벌크 헤드Bulk Head(압력격벽)를 고정하는 볼트를 제대로 조이지 않아서였다' 는 결과가 나왔다. 추락사고가 일어나기 얼마 전 이 비행기는 착륙을 하며 꼬리 부분을 바닥에 긁히는 사고를 당했는데, 그 사고 부위를 수리하던 정비사가 해당 부위의 볼트를 제대로 조이지 않았다는 것이다.

그의 실수는 무슨 이유에서였는지 작은 볼트 몇 개를 제대로 조이지 않았던 것에 불과했지만, 그렇게 조여지지 않은 부품들은 비행 중 지속적으로 덜컹거리면서 다른 부분까지 충격을 주었고 그런 충격들이 누적되면서 비행 30분 만에 꼬리날개가 있던 비행기 뒷부분이 통째로 날아가 버린 것이다.

하지만 그는 단지 볼트를 조이지 않았을 뿐이다. 그것도 주날개나 엔진에 있던 것이 아닌 비행에 그다지 중요해 보이지 않는 뒷부분 어디엔가 있던.

분명 그도 그렇게 생각했을 것이다. '단지 이것은 볼트일 뿐이야'라고.

하지만 만약 그가 이렇게 생각했다면 '단지 이것은 볼트일 뿐'이라고 생각할 수 있었을까?

'내가 이 볼트를 조임으로 인해 이 비행기가 고공에서 압력을 유지하며 떠 있을 수가 있는 거야.'

'만일 제대로 조이지 않는다면 기체 내 부분별로 압력이 틀려져서 꼬리 부분이 폭발해 떨어져 나갈 수 있어.'

'엔진을 몇 개 잃어도 비행을 할 수 있지만, 꼬리날개가 없으면 몇 분만에 반드시 추락해 버리고 말지.'

아마 최소한 볼트를 조이는 그 순간 만큼은 이런 생각을 하지 못했을 것이다.

우리나라에서 발생한 KTX 사고도 마찬가지다. 수리를 맡은 직원이, '작은 너트 하나 조이는 일일 뿐이야'라 생각하지 않고,

'나는 지금 시속 300km로 달리는 열차와 그 안에 타고 있는 수

따라야 따른다

백 명의 운명을 가를 수도 있는 조정장치를 고치고 있는 거야.'

'본격적으로 우리 기술로 만든 자랑스러운 산천 고속열차의 정상적인 운행이 지금 내가 하는 작업에 달려있어.'

이렇게만 생각했어도 대형참사로 이어질 뻔했던 아찔한 사고이자, 해당 조직으로 봐서는 큰 망신이 된 그런 일이 일어났을까?

그런데 이런 참극이 비단 철도나 비행기 정비 상황에서만 일어나는 것은 아니다. 우리의 일상생활이나 사무실에서도 일어날 수가 있다. 가장 기본적이고 기초적인 업무를 맡고 있는 팔로워들이 자신의 업무 결과가 가져오게 될 거대한 결과를 상상조차 하지 못하고 그저 눈앞에 보이는 업무의 크기로만 이해하고 수행할 때 대부분 이러한 참극이 발생되곤 한다. 계산할 때 작은 숫자 몇 개를 빼먹고 내린 견적 때문에 수십 억 달러짜리 공사가 물 건너가기도 하고, 대충 받은 전화 한 통화에 지점의 운명을 좌우할 중요한 고객이 경쟁 증권사 지점으로 넘어가 버리고 만다.

이처럼 자신의 업무와 그로 인해 유발될 결과에 대해 상상하고 일하는 직원과 단순히 주어진 업무나 주어진 직책만 바라보고 일하는 직원의 일하는 모습은 단기적으로는 비슷할지 모르지만, 장기적으로 봤을 때는 비교할 수 없을 정도로 퍼포먼스의 차이가 날수밖에 없다.

때문에, 자신의 일의 중요성과 그 일을 제대로 했을 때 거둘 수 있는 성과, 제대로 하지 못했을 때 가져올 재앙 등에 대해 끊임없이 상상하며 일할 수 있는 팔로워십이 그 무엇보다도 중요하다.

리더십과 팔로워십을 겸비한 직원이 성공한다

기업에서의 신입사원 교육에도 트렌드가 있다.

우리나라에서 신입사원 교육이라는 것이 시작될 무렵만 하더라
도 교육의 주된 테마는 창업정신, 입사 동기들과의 끈끈한 협동정
신, 윗사람에 대한 예의 등이었다. 그러던 것이 (경영학을 전공하지 않
은) 다양한 전공 출신의 대학 졸업생들이 잠재적인 능력을 평가받
으며 입사하기 시작하자 이들에 대해 기본적인 재무 회계 지식과
실무 능력 등을 단기 속성으로라도 학습시켜야 할 필요성이 대두
되었고 교육의 주된 테마도 사무실에 출근하면 바로 활용할 수 있
는 실무 위주로 꾸려졌다. 그 여파로 그러한 경향이 보다 강화된
OJT_{On-The-Job training}(현업에 근무하면서 실무경험을 통해 학습하는 과정)가
마치 신입사원 교육의 대세처럼 여겨졌던 때가 있었다. 그 유행이
사그라질 무렵 입사한 신입사원들이 학생시절의 때를 벗지 못하고
스스로 일을 찾아 하지 못한다는 지적이 일자 최근까지 유행을 했
던 것이 '스스로 동기를 부여하고, 스스로 일을 찾아, 스스로 끝맺
음을 할 수 있는 능력' 즉, 셀프 리더십_{Self Leadership}이 신입사원 교

단상 위에 서서 스포트라이트를 받으며
멋진 이야기를 할 수도 있지만,
때로는 단상 위 누군가의 이야기에
고개를 끄덕여 주고 힘껏 박수를 쳐줄 수 있는
사람이 우리에게 필요한 인재이다.

육의 가장 정답인 것처럼 대우를 받았었다.

셀프 리더십.

너무나도 멋진 이야기이다. 고용인이면서도 '스스로', '자발적'으로 움직이는 것만도 대단한 일인데, 그 움직임이라는 것마저도 우리가 그토록 찬탄해 마지않는 '리더십'이다.

'신입사원이 스스로 리더십을 발휘하여 조직에 필요한 것이 무엇인지를 자발적으로 찾아내서 의지를 가지고 주도적으로 실행한다.'

마치 악의 무리가 물러나자마자 먹구름이 걷히고 들판엔 오색의 꽃이 피고 저 멀리에서는 선연한 무지개가 보이는 것처럼 아름답고 환상적인 동화 같은 이야기이다. 수십 명의 고참 선배들도 해결하지 못하고 장렬히 전사해간 고리타분하고 정체된 조직 문화, 여러 난관들로 꽉 막힌 사업을 그대로 두고 새롭게 사회 생활을 시작하는 젊은이라는 이유만으로 "그래 니가 스스로 한번 잘 해봐"라고 등을 떠밀고, 실패할 때면 "젊은 녀석이 패기도 없이", "어떻게 요즘 젊은 애들은 시키지 않으면 움직이지를 않냐?"라고 비난할 때마다 첫 사회 생활을 시작한 젊은 신입들은 그나마 남아있던 패기와 자존심마저 다 태워 없애고 '셀프 리더십' 따위의 허울 좋은 명예 따위는 필요 없는 공무원 시험으로, 고시 준비로 몰려가 버린 것이다.

결국 가장 최근의 신입사원 교육 트렌드는 다시 복고로 돌아갔다. 회사에 충성을 다하며 오래오래 남는 구성원이 되도록 깃발 하나 들고 들로 산으로 뛰고, 단체 노래를 지어 부르고, 팀별로 회사 CF를 찍어서 유튜브에 올리고 있다.

이렇게 기업에서의 신입사원 교육이 갈피를 못 잡고 갈팡질팡했던 것은 리더십과 팔로워십에 대한 인식 부족 – 리더십과 팔로워십이 전혀 다른 차원에서 필요한 정반대의 스킬 또는 기능이라는 – 에 일부분 기인한다.

리더십과 팔로워십이 적절하게 균형을 이루고 있는 직원이 성공한다. 단상 위에 서서 스포트라이트를 받으며 멋진 이야기를 할 수도 있지만, 때로는 단상 위 누군가의 이야기에 고개를 끄덕여 주고 힘껏 박수를 쳐 줄 수 있는 직원이 앞으로 우리에게 필요한 인재이다. 상황에 맞춰, 처지에 맞춰, 자신의 임무에 맞춰 리더십과 팔로워십을 능수능란하게 때로는 동시에 발휘할 수 있는 사람이 조직에 필요한 진정한 인재로 각광받는 시대가 도래할 것이다.

11

따라야 따른다

|

FOLLOWERSHIP

탁월한 팔로워십의 요건

따라야 따른다.

 제대로 된 팔로워십을 갖춘 사람만이 제대로 된 리더로 성장하여 다른 사람을 따르게 할 수 있고, 그렇게 발휘한 성공적인 리더십을 기반으로 개인적 성장과 조직적 성공을 함께할 수 있다는 말이다.

 하지만 정작 누군가가 '왜 따라야 하는지?', '어떻게 따라야 하는지?', '어떻게 따르게 할 건지?'를 물어보면 시원하게 대답해 주는 사람이 없다. 그 부분에 대한 연구의 역사가 짧고, 다양한 사례와 증례들을 일목요연하게 정리하여 하나의 학문 영역과 제대로 된 체계로 만들어 내려는 노력이 없었기 때문이다.

심지어 학계의 몇몇 교수님들은 여전히 '팔로워십'이라는 영역의 존재를 인정하지 않고, '리더십에 대응하는 비非리더들의 반응' 정도로 단정지어 버리는 경우가 많다. 다른 방향에서 팔로워십에 대해 연구하고 그와 관련한 저술과 강연을 활발하게 하는 분들이 기독교 목사님들이신데, 이분들이 말씀하시는 '팔로워십'이라는 것은 우리가 이제까지 살펴본 그 '팔로워십(인간이 인간을 어떻게 이끌고 따르며 상호 영향력을 발휘하는 것인지에 대한)'이 아닌, '인간과 신' 사이의 영역, '인간과 신을 모시는 자(종교인)' 사이의 관계를 다루기에 우리 일반 인들의 일반적인 사회생활과는 조금 거리가 먼 내용을 담고 있다.

하지만 이 책에서는 앞서 여러 사례와 역사적 증거에서 보듯 현실로 존재하고 있는 '팔로워'들이 어떻게 하면 제대로 된 긍정적인 '팔로워십'을 발휘해서 스스로 탁월한 팔로워가 되고, 함께 일하는 리더들을 성공시키고, 조직의 발전까지 이끌어 내도록 할 것인가에 대해 생생한 사례와 면밀한 분석을 통해 보다 자세하게 알아보고자 한다.

다시 한 번 말하지만, 우리가 이후 생각해 볼 탁월한 팔로워, 성공적인 팔로워십의 전제가 되는 명제는 '따라야 따른다'이다.

때문에, 리더들도 리더십을 공부하기 전에 먼저 자신이 어떤 팔로워가 되어서 어떻게 팔로워십을 발휘할 것인지에 대해 늘 고민해야 한다.

그 자신이 어떤 팔로워가 될지를 고민할 때, 제대로 된 리더가 될 수 있다.

다시 한 번 말하지만, 따라야 따른다.

내가 따라야 내 부하가 나를 따르고, 부하가 나를 따라야 그 밑의 부하도 그를 배워 나를 따른다.

그렇다면 어떻게 따라야 하고, 따르게 해야 할까?

이에 대한 답을 찾기 위한 노력은 '리더십과 팔로워십'에 대한 관심을 가진 이래 지난 10여 년간 나를 괴롭혔던 화두였다. 국내의 부족한 자료와 관련 연구, 학자마다 서로 다른 결과물을 제시하는 해외 학자의 자료는 관련된 작업을 단 한 걸음도 더 나아가지 못하게 만드는 함정과 장애물들이었다. 하지만 그럴수록 한국적 상황과 정서, 문화적 배경에 맞는 '팔로워십'을 정의 내리고, 제대로 된 팔로워십을 제시하여 리더와 팔로워가 함께 성장할 수 있는 이론적, 사례적 지식을 제공하겠다는 의욕이 생겼다.

우선 한국의 경제적, 사회적 특성에 대한 분석을 통해 단 50여 년만에 '식민지배', '내전'이라는 전형적인 후진국의 모습을 보였던 국가에서 '개발독재', '고도성장'이라는 전형적인 개발도상국의 모습을 보이다가 갑작스럽게 선진국 대열에 진입할 수 있었는지 이유와 그 요인들에 대해 알아 보았다.

그를 바탕으로 현재 리더와 리더가 아닌 이들 사이에 보여지는 다양한 문제점과 그를 해결하기 위한 단초들은 어떤 것이 있을까에 대해 고민했다. 그 결과물을 바탕으로 기존에 제시하였던 긍정

누군가가 당신을 진심으로 따르고
그가 가진 역량과 열정을 몽땅 쏟아붓길 원한다면,
당신이 먼저 당신의 리더와 조직을 진심으로
따르고 기여할 수 있는 부분이 무엇인지
늘 고민하고 실행해야 한다.

적 팔로워십 발휘를 위한 요소 'SUCCESS' —S(Self Sacrifice, 헌신), U(Unity, 방향성 통일), C(Concentration, 몰입), C(Courage, 용기), E(Expression, 표현), S(Second Plan, 대안제시), S(Supplement, 보충 및 보완)를 다시 재정비하고 보완하여, '내가 제대로 따름으로써 다른 이들이 나를 따르게 만들' 성공적인 팔로워십의 조건을 다음 여섯 가지로 정리해 보았다.

· 탐색 능력
· 존중가치
· 자기소화 능력
· 팔로윙 커뮤니케이션
· 전략적 경청
· 충전-보완-대체

이제부터 이러한 조건에 대해 하나하나 자세하게 알아보도록 하자.

하나, 탐색 능력

탁월한 팔로워십을 갖추기 위한 첫 번째 요건은 바로 탐색 능력이다.

군복무 때의 기억이다. 당시 나는 연대급 부대의 인사장교로 근무하고 있었는데, 연대급 부대의 본부에는 각 과별로 나 같은 젊은 초급 장교들이 많았다. 그러다 보니 상급자들로부터 비교당하는 일이 잦았다. 나와 인접한 부서에서 실무를 맡은 장교로 근무하던 한 동료가 있었다. 내가 보기에도 그는 장교로서의 능력이 나보다 훨씬 뛰어난 사람이었다. 대학에서 체육을 전공했던 덕분에 다른 병사들을 압도하는 체력과 근성을 갖췄고, 단기간 복무하고 제대할 나를 비롯한 다른 장교들과 달리 군인을 직업으로 선택한 사람들 특유의 여유와 편안함이 느껴지는 등 장점이 많은 사람이었다.

하지만 그는 유독 자신의 직속상사인 과장에게 그다지 인정 받지 못했다. 늘 나와 비교당하며 질타를 받기 일쑤였고, 심지어 과장으로부터 "참모 장교 하기 싫으면 다른 자리 알아봐 줄 테니까 한번 생각해 봐라"는 배려 아닌 배려의 이야기까지 들어야 했다. 왜 그랬을까?

전역을 얼마 앞둔 내게 과장님께서 저녁을 사주신다고 해서 찾아뵌 자리에서 그 이유를 물어 보았다. 이미 전역이 예정돼 있는 사람의 질문이라 그런지 흔쾌히 답해 주셨다.

"걔는 눈치가 너무 없어."

오랜 궁금증에 비해 답은 너무나 간단했다.

'눈치가 없다.'

그러고 보니 그랬다. 과장은 보고를 하기 위해 사령부에 들어갔다 아직 돌아오지 않았는데 참모 장교는 퇴근시간이 되었다며 후배 장교들과 퇴근해 시내 PC방에 가기 일쑤였고, 상급부대 주관 훈련을 하는데 과장이 보고해야 할 몇가지 자료를 제대로 챙겨놓지 않아서 지휘관으로부터 질책을 받게 한 적도 있었다. 불시 점검이라고는 하지만 이미 다른 참모 장교들은 다 눈치채고 있어서 미리 행정계원들과 함께 조치해 놓은 것도 챙기지 못하고 있다가 그 과만 검열에 걸려 호되게 혼난 적도 있었다. 하지만 그가 늘 이렇게 어설프게 업무를 처리했던 것은 아니었다. 늘상 챙겨야 할 사항들이나, 과 내부 단속만큼은 그 어느 초급 장교들보다도 훨씬 더 잘 챙기고 있었다. 문제는 과장의 말처럼 '눈치가 너무 없어서' 꼭 챙겨야 할, 아주 중요한 일이나 너무 당연해서 두말할 필요가 없는 일 위주로 누락시킨다는 점에 있었다.

그러던 어느 날 그 '눈치 없는' 참모 장교가 나에게 물었다.

"너는 어떻게 맨날 과장이 묻기도 전에 착착 챙기고 준비할 수가 있냐? 나는 왜 그런게 미리 안 보이지?"

과연 과장이 찾거나 우리 과에 필요한 것이 나에게만 보이고, 그 참모 장교의 눈에는 보이지 않았을까?

내가 단언하건데 그의 눈에도 분명 그러한 것들이 모두 보였을 것이다. 다만, 그에게는 팔로워가 갖춰야 할 중요한 덕목 중 하나가 없었기에 그런 것들이 '보인다고 느끼지 못 했을 뿐'이다.

따라야 따른다

그 덕목은 바로 '탐색 능력'이다.

탁월한 팔로워가 갖춰야 할 첫 번째이자 어쩌면 가장 으뜸가는 능력이 바로 이 탐색 능력이다. 탐색 능력은 자신이 조직 내에서 어떤 위치에 있는지, 어떤 역할을 해야 하는지를 찾아내는 능력이다. 쉽게 말해서 앞서 그 과장님이 말씀하신 것처럼 '눈치'라고도 할 수 있고, 조금 어렵게 표현하자면 '위치 자각' 혹은 '역할 자각' 능력이라 할 수 있다.

그 능력은 다시 대략 세 가지 능력으로 분류가 된다.

첫째, 몰입의 능력, 둘째, 동일화 능력, 셋째, 자기평가 능력이다.

어떠한 환경, 조직, 상황 등에 대해 몰입했을 때 얻어지는 효과에 대해서는 이미 여러 책에서 이야기 된 바 있다. 특히 탁월한 팔로워십을 위한 탐색 능력이 제대로 발휘되기 위해서는 무엇보다 몰입의 능력이 필요하다. 우리가 조직을 바라볼 때, 그리고 그 조직을 둘러싼 환경을 바라볼 때, 그 환경 안에서 조직이 가야할 방향과 그를 위해 리더가 발휘하는 리더십을 바라볼 때 우리는 또렷이 그것에만 집중해서 보고 있다고 생각하지만 실제로는 수많은 바이어스Bias(편견, 편향)와 노이즈Noise(잡음, 잡소리)가 끼어있기 마련이다. 그럴 때 그들 중에 받아들여야 할 본질만 골라내서 받아들이고 나머지를 제거할 수 있느냐 없느냐에 따라 탐색 능력은 큰 차이를 보이게 된다. 그때 그런 바이어스와 노이즈를 제거할 수 있는 능력이 바로 몰입의 능력이다. 조직의 방향과 리더의 선택에 대해 몰입할 때 그 본질만 남고 나머지는 사라져 보이지 않는 일종의 아웃포커싱Out-focusing기능이 일어나는 것이다. 앞서 그 참모 장교도 자신이 속한 과와 부대의 업무, 과장과 부대장의 일정에 대해 보다 몰입을 했더라면 자신이 꼭 챙겼어야 할 본질적인 업무, 놓치지 말았어야 할 부분이 보다 선명하게 보였을 것이고 쉽게 탐색할 수 있었을 것이다.

두 번째는 동일화 능력이다. 일본 나가노현長野 스와시諏訪市에서는 7년마다 한 번씩 '온바시라마츠리御柱祭'라고 불리는 축제가 열린다. 이 축제의 하이라이트는 지름 1~1.5미터 이상, 길이 15~20미터, 무게 12~15톤에 달하는 통나무 위에 2,30여 명의 마을 남자들이 타고 가파른 경사의 산기슭을 미끄러져 내려오는 키오토시木落し 행사이다. 해마다 여러 명이 다치고 심지어 목숨까지 잃기도 하는 이 위험한 행사에 참여한 마을 남자들의 지상 목표는 산기슭 끝까지 내려오는 동안 통나무 위에서 떨어지지 않는 것이다. 그러면, 어떤 사람이 가장 마지막까지 통나무 위에서 떨어지지 않고 버틸 수 있을까?

체력이 제일 좋은 사람? 덩치가 큰 사람? 반사신경이 좋은 사람? 모두 틀렸다.

한 일본인이 수십 년간 조사한 바에 따르면 허무하게도 통나무의 가장 앞에 탄 사람(행사의 리더)이 가장 오래 버틴다고 한다. 그도 그럴 것이 그는 맨 앞에서 통나무가 나아가는 방향과 산기슭 표면

따라야 따른다

의 요철 등을 한눈에 볼 수 있으며, 주위의 기대와 이목이 집중되는 자리이기에 그에 따른 강한 자부심과 책임감이 시너지 효과를 일으켜 제일 마지막까지 통나무 위에 앉아 있을 수 있다. 그렇다면 두 번째로 늦게 통나무에서 떨어지는 사람은 누구일까? 그 다음 자리에 앉은 사람? 아니다. 맨 앞자리를 제외하고는 어떤 자리에 앉았느냐가 그다지 중요한 사항은 아니었다. 늦게까지 통나무 위에 남을 수 있었던 사람은 바로 맨 앞에 앉아있는 사람의 움직임에 집중하여 그와 호흡을 같이하며 움직인 사람이었다.

조직에서도 마찬가지이다. 조직 전체의 움직이는 방향에 대해 민감하게 알아채고 그에 대해 발 빠르게 대처하는 이른바 탐색 능력이 탁월한 팔로워들의 대부분은 리더의 생각과 움직임에 자신을 동일화 시켜서 그에 맞춰 융통성 있게 움직일 수 있는 사람들이다. 비록 과장의 일로 상급부대에 출장을 갔지만, 그 또한 내가 몸담고 있는 부서 전체의 방향과 관련돼 있는 것이었기에 과장의 행보에 대해 관심을 가지고 그가 상급부대에서 만난 사람, 교섭한 업무에 대해 미리 체크해 두면 향후 과장이 어떤 업무 지시를 내릴지, 우리 부서가 어떤 일들을 준비해야 하는지 미리미리 찾아내어 그에 대한 준비를 체계적으로 할 수 있었던 것이다. 하지만 불행히도 그 '눈치 없는' 참모장교는 과장과 자신을 동일화 시키기보다는 분리하는 데 조금 더 능했었다.

마지막으로, 자기평가 능력이다.

자기평가 능력은 위의 두 가지, 몰입과 동일화를 통해 찾아낸 조직의 나아갈 바, 그리고 그것을 위해 내가 해야 할 일들이 진정 리더가 원하는, 리더가 목표로 한 방향으로 제대로 가고 있는 것인지 끊임없이 평가하고, 틀리다면 신속하게 조율해 방향조정을 할 수 있는 능력이다. 그러한 과정을 통해 더 큰 오차와 편차가 생기기 전에 자기 자신에 대해 되짚어 보고 반복적인 튜닝을 할 수 있게 되면서 조직과 조직 리더에게 몰입하고 방향성을 가질 수 있게 된다.

다시 한 번 강조하지만, 탐색 능력은 간단한 것 같지만 탁월한 팔로워십 발휘를 위해 매우 중요한 능력임이 분명하다. 같은 상황에서도 본인의 위치와 해야 할 일들을 착착 찾아내서 그것들을 해나가는 사람과 지금 상황이 어떻게 돌아가는지, 자기가 뭘 해야 할지도 모르고 그저 리더의 분부만 기다리고 있는 사람 사이에는 예상되는 성과와 일을 하는 동안의 모습 등에 있어서 엄청나게 큰 차이가 있을 것이 분명하기 때문이다.

둘, 존중가치

대학 신입생 때의 일로 기억한다. 내가 다니던 대학은 다른 사립대학과 전통의 라이벌 관계를 형성해 왔던 터라, 각종 스포츠 경기

따라야 따른다

의 응원을 위한 문화가 엄청나게 발달해 있었다. 그뿐만이 아니라, 처음 입학하여 입학식을 치르고 난 다음날은 당연하다는 듯 모든 수업을 빼먹고—사실은 학교에서도 비공식적이지만 이 날만큼은 수업에 들어오지 않아도 별 제재를 가하지 않았다.—대운동장에 전 신입생들을 모아놓고 응원단의 진행으로 응원을 배우는 행사를 했었다.

그때 신입생이었던 나의 눈에 참 신기했던 장면이 하나 있다. 먼저 무대에 올라 응원을 이끌었던 응원단원이 단상에서 내려오며 다음 응원을 이끌기 위해 단상에 올라서는 응원단원에게 깍듯이 인사를 하며 양손을 맞잡고 악수를 하는 광경이었다. 다음 무대도, 그 다음 무대도 마찬가지였다. 처음에는 '먼저 무대에 선 응원단원이 다음 응원단원보다 후배라서 예의를 차리는 거겠지' 라고 생각했었다. 하지만, 몇 시간에 걸친 응원 연습이 끝날 때까지 지켜본 바에 따르면 꼭 그래서 그런 것 같지만은 않았다. 그럼 도대체 그들은 왜 그랬던 것이었을까?

그 의문은 몇 달 뒤 내가 직접 그 응원단에 가입하고 난 뒤에도 계속됐다.

응원단원이 단상에 올라 학생들의 응원을 이끌 자격을 갖기 위해서는 무척이나 혹독한 과정을 거쳐야 했다. 체육 특기생 선수들 못지않은 근력과 지구력을 갖추기 위해 매일 '크로스컨트리' 라고 불리던 장거리 장애물 달리기도 해야 했고, 복잡한 응원 리딩 동작도 반복적으로 연습해야 했다. 선배들의 욕설과 기합이 난무하는 과정이라 몹시 '빡샜다'. 그런데 그런 과정을 거친 뒤 일반 학생들 앞에서 응원단상에 오를 때만은 분위기가 전혀 달랐다. 선배들이라고 함부로 대하거나, 동기들이라고 서로 편하게 지내는 것은 금기시 되었다. 대신 서로에게 깍듯하게 고개 숙여 인사하고 존대해 주는 것이 관례였다. 물론 나는 혹독한 훈련과정만 거치고, 그런 존대는 받아보지 못한 채 집안의 반대와 개인적인 사정으로 응원단을 그만둬서 조금 억울한 면이 없지 않다. 아무튼 나중에 알고 보니 그때 신입생 응원 연습 때 먼저 무대를 마친 뒤 깍듯하게 인사한 단원이 다음 무대에 오르는 단원보다 한참 선배여서 놀랐던 기억이 있다.

그러면 이들은 왜 그렇게 했던 것일까?

그 의문에 대한 답은 그로부터 몇 년이 지나 사회생활을 하며 탑승한 비행기에서 들을 수 있었다. 도쿄에 계신 지인도 찾아 뵐 겸 일본을 다녀오던 길이었는데, 공항에 늦게 도착하는 바람에 귀국 비행기를 놓쳐버리고 말았다. 다음날 아침에 중요한 회의가 있어서 꼭 그날 저녁에 귀국했어야 했는데, 한국으로 들어오는 마지막 비행기를 놓쳐버리고 만 것이었다. 혼자서 발을 동동 구르고 있으려니, 항공사 직원이 다가와서 '주한 미군과 주일 미군이 서로 교대하는 시기라서 급히 증편한 비행편이 있긴 한데, 이코노미석은 미군들로 만석이고 비즈니스석만 남았는데 그거라도 타고 가겠

냐?'고 물었다. 이코노미석과 비교하면 비용이 크게 차이가 났지만 찬밥 더운밥 가릴 처지가 아니었다. 그래서 팔자에도 없는 비즈니스석을 타게 되었다. 비행기 탑승객 전체가 미군들이고 한국인 승객은 나 혼자뿐이다 보니 자연스럽게 스튜어디스들과 이런 저런 이야기를 나누게 되었다. 그러면서 유심히 살펴보니 그들의 모습에서 대학 신입생 시절 보았던 대학 응원단원들 간의 모습이 보이는 것이었다.

우리나라 1호 스튜어디스 중에 한 명이신 분을 어머니로 둔 친한 형님 덕분에 전·현직 스튜어디스들의 모습을 제법 자주 봐왔던 경험에 비추어 우리나라에서 군대 이상으로 위계 질서가 분명하고 또 엄한 곳이 바로 스튜어디스들이라는 생각을 했었다. 그도 그럴 것이 그들은 평상시에는 아름다운 미모와 따스한 미소로 고객을 접객하는 사람들이지만, 비행 중 위기상황에 처하면 여느 특수부대나 응급구조요원보다도 더 담대하고 기민하게 대처해야 하는 역할을 맡았기에 그들의 훈련과정이나 그들 스스로 조성한 조직 분위기는 일반인들의 예상보다 훨씬 더 위아래가 분명하고 선후배 관계가 엄할 수밖에 없을 것이다. 그런데 비행기 안에서의 그들은 서로에게 그러지 않았다. 비행 경력이 17년 차라는 베테랑 케빈 매니저가 작년에 갓 대학을 졸업한 막내 승무원에게 'OO씨 물수건 두 개만 준비해 주십시오' 라고 깍듯하게 경어를 쓰고 있었다. 그리고 기내식 서비스를 마치고 나서도 서로에게 '수고하셨습니다' 라며 공손하게 인사를 나누었다. 이유가 뭘까? 한국에 도착 후 귀가하는 길에 우연히 함께 비행기를 타고 온 17년 차 고참 직원과 같은 방향으로 가는 공항 리무진을 타게 되었다. 난 궁금함에 실례를 무릅쓰고 "원래 그렇게 하는 것이 규정상 정해져 있는지?", "왜 그렇게 하는지?" 등등을 물어봤다. 그때 그녀가 한 대답이 바로 지금 이야기하려고 하는 '존중가치'에 대한 것이었다.

"예전 선배들은 요즘처럼 이러지 않았다고 들었어요. 선배는 반말을 후배는 존댓말을 하는 게 당연했었죠."

그 무렵만 하더라도 우리나라에서 비행기를 탈 수 있는, 그것도 국제선을 탈 수 있는 사람들은 부유층이나 권력자들이 대부분이었다고 한다. 그러다 보니 승무원들을 식당 종업원이나 부리는 일꾼 정도로 여기고 "어이", "'이봐!"라고 부르는 승객들이 많았다고 한다. 그런 분위기를 어떻게 하면 바꿀 수 있을까 고민하다가 누군가 지금처럼 승무원들부터 먼저 연차나 지위고하를 막론하고 서로에게 깍듯이 예의를 갖추고 존대하는 방안을 이야기했다고 한다.

"다들 '우리끼리 그런다고 해서 승객들이 달라지겠어?'라며 조금은 회의적으로 시작했는데, 놀랍게도 그 효과는 즉시 나타났다고 해요."

지나가면 옷자락을 끄집어 당기거나 반말 또는 손가락만 까딱하며 그들을 부르던 승객들이 "이봐요", "여기요"라며 경어를 쓰기 시작했다고 한다. 거기다가 어거지를 부리며 자신만 특별하게 대

따라야 따른다

해 달라고 떼를 쓰던 승객들도 눈에 띄게 줄어들었다고.

이것이 바로 탁월한 팔로워십의 요건 중 두 번째인 '존중가치' 의 효과이다.

우리가 사는 세상에는 여러 가치가 있다.

우선 어떠한 때, 어떠한 상황에서도 존재하는 그 이유 하나만으로 일정 정도의 값을 가지며 가치가 변하거나 사라지지 않는 절대가치가 있다. '부모의 자식에 대한 사랑' 이 그 중 대표적인 것으로 이러한 절대가치의 숫자는 많지 않다. 그렇다면 나머지 대부분의 가치는 모두 환경이나 시기, 사람 등에 따라 끊임없이 변하는 변동가치일 것이다. 그런데, 그러한 변동가치 중에서 흥미로운 것이 바로 이 '존중가치' 이다. 존중가치를 이야기할 때 그것이 가지고 있던 원래의 가치는 그다지 중요한 것이 아니다. 아니 아예 아무런 가치가 없는 것이어도 상관이 없다. 그를 대하는 사람들이 그것에 의미를 부여하고 귀하게 여겨 말 그대로 얼마나 '존중을 하느냐' 에 따라 그 가치가 엄청난 격차로 달라지기 때문이다.

다시 20여 년 전 대학 대운동장으로 가보자.

지난 겨울방학 동안 단 하루도 쉬지 않고 매일 10여 킬로미터가 넘는 거리를 달리고 온몸에 빈틈없이 파스를 붙여야 할 정도로 고된 훈련을 마친 응원단원은 설레는 마음으로 5천 여명의 학생들이 지켜보고 있는 응원단상에 올라서게 된다. 훈련은 충분했다. 준비 상태도 훌륭하다. 응원 기술도 완벽하게 익혔다. 하지만 그건 그의 생각일 뿐 학생들로서는 처음 보는 '한 명의 응원단원'일 뿐이다. 그런데 '어라?' 첫 무대에 올라 조금은 뻘쭘하던 분위기를 제법 흥겹게 돋운 응원단원이 다음 단상에 오르는 단원에게 두 손을 모아 손을 맞잡고는 이보다 더 공손할 수가 없을 정도로 깍듯하게 인사를 한다. 그럼 이미 다음 단원에 대해 응원을 하는 학생들이 느끼는 가치는 앞서 응원을 유도한 응원단원 '플러스 알파'가 된다. 그리고 자기 무대를 마친 그 단원도 다음에 단상에 오르는 단원에게 '플러스 알파'를 보탠다.

그리고 대단원.

그렇게 서로 존중하며 가치를 보태던 단원들이 모두 도열하여 단상에 오르는 응원단장을 맞이할 무렵이면, 이제 학생들 사이에서 그 응원단장의 가치는 평범한 동료 학생의 그것을 넘어선 '아이돌 스타'와 비슷한 수준에 다다르게 된다.

이것이 바로 무언가 혹은 누군가를 존중할 때 새롭게 생겨나는 가치, '존중가치'의 힘이다.

그리고 이 '존중가치'를 제대로 발휘하는 것이 탁월한 팔로워십을 발휘하기 위한 두 번째 요건이다.

존중가치와 관련해, 한 심리학자가 대학생들을 대상으로 다음과 같은 실험을 했다고 한다.

한 무리의 그룹에는 '당신은 지금부터 아주 어려운 문제에 도전

따라야 따른다

하게 됩니다. 만일 그 문제를 당신이 풀 경우, 당신은 전체 학생들 중 10% 안에 드는 사람입니다' 라는 메시지와 함께 문제가 적힌 종이를 나눠주었고, 다른 무리의 그룹에는 '당신은 지금부터 매우 간단한 문제를 풀게 됩니다. 만일 그 문제를 당신이 풀지 못할 경우, 당신은 하위 10% 안에 드는 사람입니다' 라는 메시지와 함께 문제가 적힌 종이를 나눠주었다.

이후 10여 분 동안 두 그룹의 학생들이 문제를 푸는 모습은 매우 상이했다. 어려운 문제에 도전하게 된 그룹의 학생들은 심각하면서도 뭔가 들뜬 표정으로 문제를 풀었고, 매우 간단한 문제를 풀게 된 그룹의 학생들은 평안하면서도 뭔가 맥이 풀린 모습이었다. 그렇게 10분의 시간이 지난 뒤 심리학자는 학생들이 제출한 답안지를 채점해 보았다. 결과는 놀랍게도 상위 10%에 들 수 있는 어려운 문제를 푼 학생들이 낸 답안지 점수가 못 풀면 하위 10%밖에 안 되는 쉬운 문제를 푼 학생들이 낸 답안지 점수보다 최대 20여 점이나 높았다. 게다가 해당 테스트를 수행하고 난 소감 역시 어려운 문제를 끙끙거리며 푼 학생들이 훨씬 긍정적인 만족감을 표시했다.

앞에서 한 가지 말하지 않았는데, 시험지는 단 한 종류 밖에 없었다.

두 그룹의 학생들은 사실 똑같은 시험 문제를 푼 것이었다.

이와 비슷한 경우는 우리 주변에서도 흔히 볼 수 있다.

대형 횟집을 운영하는 대학 후배와 그가 경영하는 횟집에서 만났을 때 있었던 일이다.

옆 테이블에 앉아있던 손님들이 내 테이블에 앉아 있는 이가 이 횟집의 주인인 줄 모르고 음식 맛에 대해 이러쿵저러쿵 평을 하고 있었다.

"기본 상차림으로 나온 개불이랑 해삼은 맛이 별로 던데, 3만원 짜리로 따로 시킨 건 좀 제대로 된 게 나오네."

"당연하지. 서비스로 주는 거랑 제 값 받고 내는 거랑 똑같으면 어떻게 하냐? 때깔부터 다르네."

평상시 해산물이라고 하면 사족을 못쓰는 나였던지라 내 앞에 기본 상차림으로 놓인 해삼, 개불과 그들 앞에 놓여진 것을 비교해 보았다. 잘못 판단한 것인지 모르겠지만 내 눈에는 똑같은 산지에서 난 것 같았다. 그런 나를 보고 눈치를 챘는지 후배가 살며시 웃으며 고개를 끄덕였다.

"형, 같은 거 맞아요. 요새 세상이 어느 때라고 음식을 차별해서 내요. 제가 보기엔 오히려 기본 상차림에 나간 게 더 좋은 걸 썰어 드린 것 같은데……."

예상대로 그들은 같은 수조에 있던 똑같은 개불과 해삼을 먹었음에도 불구하고 기본 상차림에 몇 점 썰어 나온 것과 얼음을 잘게 부수어서 그릇에 수북이 담고 가장자리에는 얇게 저민 당근과 파슬리로 장식하고 빨간 개불과 약간 거무스름한 해삼을 태극 문양으로 잘 얹은 3만원짜리의 것을 다른 품질의 해산물로 느꼈던 것이

따라야 따른다

다. 예상해 보건데, 그들이 그렇게 느끼려고 해서 그런 것이 아니라, 실제로 그들의 미각조차 그렇게 느꼈을 것이다.

한식당을 하시는 다른 선배도 반찬을 세팅할 때 세 접시를 한번에 가져다 놓았을 때랑, 같은 반찬을 한 번에 한 접시씩 세 번 가져다 놓았을 때 그 맛에 대한 고객들의 평가가 확연히 달라졌다고 말하는 것을 보면 이날 후배의 횟집에서 보게 된 일이 그다지 드물지 않은 현상임을 알 수 있다.

이 모든 것이 바로 어떤 것을 존중했을 때 그 가치가 새롭게 인식되어지는 '존중가치'의 대표적인 현상들이다.

탁월한 팔로워십의 핵심적인 요소 중 하나로 '존중가치'를 꼽는 이유가 여기에 있다.

우리가 어떤 조직에 몸담았을 때 그 조직을 어떻게 생각하고 그 가치를 어떻게 평가하느냐에 따라 개인에게 느껴지는 그 조직의 가치는 천차만별 달라지게 되고 그에 따라 보여지는 태도나 행동, 그리고 그 결과인 수행 성과 또한 엄청난 격차를 보이게 된다.

탁월한 팔로워가 되고 싶은가?

조직을 존중하라.

존중하면 달리 보이고 달리 보이면 달리 느껴지고 달리 느껴지면 달리 움직이게 된다. 그리고 그 달리 움직인 결과는 이전에 그냥 움직여 이뤄냈던 결과와는 전혀 다를 것이다.

같은 이유로 리더는 팔로워들과 함께 '불평의 파티'A party of discontent
를 벌이는 것을 당장 멈춰야 한다.

통상 팀장이나 부문장이 된지 얼마 안된 리더들은 팀원, 부문원
과 보다 빨리 동질감을 확보하고 원만한 팀워크를 조성하겠다는
조바심에 '비밀을 공유하면 친해진다'는 소녀적 발상에서 유래한
굳은 믿음으로 소소한 술자리 같은 사석은 물론 회식 같은 공석에
서조차 회사, 경영진, 회사가 추진 중인 사업 등의 치부에 대해 이
야기하고 함께 불평을 공유하려는 시도를 종종 하게 된다.

'내가 비록 수많은 경쟁을 이기고 이 자리에 홀로 섰지만, 난 너
희들과 똑같은 사람들이야'라는 속내를 담고 외로움을 극복하려는
그들의 시도에 구성원들은 일면 공감의 눈빛을 보이며 수긍하는
듯하지만, 결론부터 이야기하자면 그러한 '불평의 파티'는 100%
실패다. 팔로워에게 동질감을 불어넣어주지도, 자발적인 동참과
팀워크를 유발하지도 못한다.

왜 그럴까?

그 이유를 말하기 전에 2010년 초반, 뉴스에도 등장했던 사건 하
나부터 이야기할까 한다. 그해 각 대학 입학식이 끝나고 며칠이 지
났을 무렵, 한강 고수부지를 관할하는 한 경찰 지구대에 젊은 청년
두 명이 연행되어 왔다.

죄목은 쌍방 폭행.

단둘이서 서로 치고 받았고, 상처도 경미했기에 그저 단순 훈방

으로 처리되고 말았을 이 사건이 뉴스에까지 보도된 이유는 그 두 사람이 싸운 이유 때문이었다.

두 사람은 각각 서울 시내 모 사립대학교에 갓 입학한 신입생들이었다.

사건의 발단은 그 중 한 학생이 모 인터넷 사이트에 '이제 OO대학교의 시대는 가고, 우리 △△대학교가 급부상하고 있다'는 요지의 글을 올린 것에서 시작되었다. 그와 주먹다짐을 한 다른 학생이 이 글을 보고 '무슨 소리 △△대학교는 OO대학교의 발 밑에도 못 온다. 주요 고시 합격생 수나 졸업생들의 취업율만 봐도 알 수 있지 않나?'라고 반격을 가했고, 다시 처음 글을 올린 학생이 재반박을 하면서 서로 감정 싸움을 하게 되었다고 한다. 결국 만나서 해결하자며 서로 휴대전화 번호를 올리고 실제 이날 만나서 네가 옳니 내가 옳니 하다가 감정이 격해져서 주먹까지 오고 가게 된 것이었다. 한때 사회 문제로까지 대두되었던 '대학 훌리건'들에 의한 이른바 '현피[15]' 사건이다. 이들 모두 자신의 학교가 다른 학교보다 '멋져 보이지 못하다'는 데 격분하여 기꺼이 자기 자신을 내던진 것이었다. 앞서 말했지만 지금 새롭게 등장하고 있는 팔로워들, 그리고 앞으로 밀려들어 올 팔로워들은 이전 세대보다도 오히려

---

15 인터넷상의 다툼을 직접 만나 상호 폭력으로 겨루는 현상

훨씬 '가오'를 중시하는 이들이다. 늘 멋진 곳에서 멋진 역할을 맡고 싶어하고 멋지지 않은 조직, 멋지지 않은 역할이라면 우겨서라도 멋지다고 인정받고 싶어하는 이들이다.

이들은 멋진 회사, 멋진 팀에 남고 싶어한다.

"우리 회사가 비록 지금은 별로지만, 나 OOO사장을 믿고 인생을 던져보지 않겠나?"

"다른 팀 놈들은 다 시원찮지만, 우리 팀만은 이 △△△팀장이 책임질 테니, 나를 따르라!"

이런 말들은 새롭게 등장하는 팔로워들에게는 전혀 매력적이지 못하고 '리더에게만 매력적인 선언'일 뿐이다.

팔로워들은 멋진 회사에 근무하고 싶어한다.

이들의 팔로워십이 제대로 발휘되도록 하고 싶다면 이들의 자부심과 꿈에 불을 질러야 한다.

못하고 있는 부분에 대한 자기 고백이 아니라, 잘하고 있는 부분에 대한 분명한 재인식, 그리고 앞으로 더 잘할 수 있는 부분에 대해 함께 상상하며 그 꿈과 그때 얻게 될 열매의 달콤함을 극대화하고 그를 위해 '당신이 얼마나 중요하고 또 대단한 사람인지' 지속적이고 반복적으로 인식시켜야 한다.

자신의 일, 자신의 조직, 자신의 회사에 대한 가치를 존중해 줘서 그들이 느끼는 존중가치를 최고로 높여주어야 한다.

그러면, 아마도 이들은 회사 훌리건이 되어 자신의 회사를 함부로 대하는 경쟁자를 포함한 외부의 적을 향해 기꺼이 창끝을 겨누고 혼신의 힘을 다해 싸울 것이다.

셋, 자기소화 능력

내가 근무하는 빌딩에는 커피전문점이 두 곳 영업하고 있다.

그 중 한 곳이 일찍부터 문을 열기에 이른 아침 책을 읽거나 글을 쓸 때 가끔 이용하곤 한다. 아침 나절부터 이 커피전문점을 이용하는 손님의 70%는 20대 중후반의 여성 고객이다. 그 중 나처럼 테이크아웃하지 않고 소파에 앉아서 차를 마시며 얘기를 나누는 손님의 비율은 거짓말 조금 보태서 99%가 여성들이다.

한편 회사 건너편 골목 안에는 막창과 꼼장어를 연탄불에 구워내는 선술집이 있다.

1주일에 한 번 정도 친한 후배들을 데리고 소주 한잔하며 이야기를 나누기 위해 애용하는 곳이다. 그런데 저녁 나절에 이 선술집을 이용하는 손님의 80%는 40대 초·중반의 남성 고객이다. 그 중 나처럼 남자들만 몰려와서 오자마자 소주와 맥주를 5대 5로 타서 원샷을 외치며 들이키는 손님의 비율은 거짓말 안 보태고 100% 남성들이다.

평상시 직장생활과 자기 학습, 그리고 집필활동을 병행하다 보니 커피를 마시면서도 술을 마시면서도 눈과 귀는 언제나 새로운 배울 거리를 찾아 속칭 '안테나를 돌리는 것'이 버릇이 되어서 크게 노력하지 않아도 옆자리의 이야기를 자주 엿듣게 된다.

먼저, 평일 아침 7시 50분에서 8시 45분 사이 대기업 사옥 지하의 커피전문점에서는 대략 이런 느낌과 내용의 대화들이 오고 간다. (혹시 이 글의 독자 중, 이런 내용을 처음 듣는 간부나 임원 분들이 계시면 너무 충격 받지 마시길.)

여직원 1 : "최 상무 있지. 사람 진짜 이상하지 않냐? 저번엔 방에서 윤 부장을 완전 잡더라 잡어."

여직원 2 : "아, 그 뚱뚱한 상무? 그 사람 부장일 때, 이 상무(전임 부문장인듯) 등에 칼을 꼽고 임원 달았다던데?"

여직원 3 : "그래? 어쩐지 사람이 쳐다보는 게 좀 음침하고 그렇잖니?"

여직원 1 : "그렇기만 해? 자기는 장점이 꼼꼼한 거래. 근데 맨날 쓸데없는 거에만 꼼꼼하지."

여직원 3 : "너네 남자 직원들은 왜 다 그러냐? 너네 팀장도 완전 변태라며?"

여직원 1 : "변태까지는 아니고. 좀 기름지지. 큭큭."

여직원 2 : "변태나, 기름진 거나 그게 그거지."

한편 저녁 7시 30분에서 10시 10분 사이의 연탄불 막창과 꼼장

226

어 집. 거기서도 마찬가지로 여러 대화들이 오고 간다. 그런데 대화를 나누는 분위기는 훨씬 더 투박하고 너저분한데도 불구하고 내용은 의외로 앞서 아침 나절 커피숍에서의 그것보다 차분하고 날이 덜 서 있다.

남직원 1 : "야, 너네 상무님 까칠하지?"

남직원 2 : "까칠하시지. 매사 그냥 넘어가는 법이 없다니까."

남직원 3 : "그래도 까칠하더라도 일 깔끔하게 하고 질질 안 끄는 사람이 좋아."

남직원 2 : "야, 그런 소리 마라. 네가 안 당해봐서 그래. 너 콜론(:) 넣어야 할 자리에 세미콜론(;) 썼다고 지적 당해 봤어?"

남직원 3 : "응. 나 예전에 모셨던 박 상무님은 20페이지짜리 보고서 중간에 세 글자인가가 본문 폰트보다 딱 1포인트 커졌는데 그걸 찾아내서 잡아내신 분이셨다."

남직원 1 : "거기다가 박 상무 그 양반, 완전 또 다혈질이셔갖고, 저 녀석이 후임들 앞에서 많이 깨졌었지."

남직원 3 : "그래도 그 양반이 정은 있어서 혼내고 나면 저녁에 '술 한 잔 할까?' 하고 바람을 잡으시더라고."

남직원 1 : "그러게. 맘 약한 양반이 자기 성질을 못 이겨 가지고. 큭큭."

비슷한 내용인 듯하지만, 전체적으로 듣는 사람이 느끼는 뉘앙

스의 차이는 상당히 크다.

무슨 차이일까? 그리고 이 차이는 어디에서 오는 것일까?

이를 두고 예전까지는 단순히 '원래 남자들이 직장생활을 잘 해', '여자들이 뭐 다 그렇지' 는 식으로 남성과 여성이 태어날 때부터 조직에 순응(이런걸 두고 '적응' 까지 들먹이는 것은 맞지 않는 듯하지만)하는 정도의 차이가 있음을 당연시했다. 하지만 단지 그게 다일까?

살펴본 바에 따르면 이런 모습의 차이가 반드시 남녀의 차이에만 있는 것은 아닌 것 같다는 생각이 든다. 우리나라 특유의 문화적, 역사적 환경에 의해 남녀의 차이가 가장 도드라지기는 하지만, 남자와 남자 혹은 여자와 여자, 연장자와 연소자의 사이에서도 분명한 차이를 보이고 있다.

그럼, 무슨 차이가 조직생활에서 이런 모습의 차이로 보여지는 것일까?

여러 가지 이유가 있겠지만, 그 주요한 이유 중의 하나가 바로 이제 이야기하고자 하는 탁월한 팔로워십을 위한 세번째 능력인, 조직 안에서의 '자기소화 능력' 이다.

조직에서 발생하는, 혹은 리더가 주도하여 발생시키는 여러 가지 모습과 현상, 구도, 분위기 등등에 대해 스스로의 방식으로 인식하여 처리하고 본인과 조직에 이득이 되는 부분만 남기고 나머지는 제거해서 폐기해 버릴 수 있는 능력이 바로 '자기소화 능력' 의 핵심이다.

그렇다면 이러한 '자기소화 능력'은 어떤 세부적인 능력으로 구성되며, 이를 기르려면 어떻게 해야 할까?

먼저, 자기소화 능력은 아래와 같은 세 가지 능력들로 구성된다.

첫째, 학습 능력, 둘째, 위치전환 능력, 셋째, 시점전환 능력이다.

첫 번째, 학습 능력은 말 그대로 본인이 직접 경험하지 않은 상황에 대해 간접적인 경험을 통해 이해할 수 있는 능력이다. 이러한 능력을 바탕으로 조직의 움직임과 분위기나 리더가 발휘하는 리더십 스타일에 대해 보다 쉽고 빠르게 이해하고 적응할 수 있다.

조직 내의 학습 능력 자체는 절대로 여성이 남성보다 뒤지지 않지만, 학습을 할 만한 기회 자체가 선후배, 동기모임, 술자리 등을 중요시하는 남성보다 여성이 상대적으로 적은 편이다 보니 이것이 학습의 저하로 이어져 자기소화 능력의 차이로 나타나기도 한다.

따라서, 이러한 구성원들의 학습 능력을 키워 주고자 한다면 리더들은 자신의 경험과 지식을 강요하기보다, 구성원들이 리더의 경험과 인생, 그리고 조직이 그간 운영되어왔던 모습에 공감할 수 있도록 해야 하고 팀이나 부문, 회사 등의 히스토리에 대해 재미있게 전달해 주기 위한 지속적인 노력이 필요하다. 이를 위해 마치 할아버지나 할머니가 손주들을 데리고 옛날 얘기를 해주듯 '스토리텔링Storytelling' 능력 개발을 위해 관심을 가져야 한다.

"출근 좀 일찍 해라. 내가 네 나이 때는 선배들 나오기 1시간 전에 나와서 근무 준비하고 있었다. 내가 너네한테 그렇게까지 하라는 것도 아니잖아."

지각이 잦은 직원에게 이렇게 직설적으로 다그치는 것보다,

"졸리지? 나도 예전 대리 때 중요한 미팅을 앞두고 발표자료를 손질한다고 전날 집에 가지고 퇴근했는데 정작 다음날 늦잠을 자는 바람에 미팅에 늦어서 큰 낭패를 본 적이 있지. 젊을 때는 밤에 할 일도 많고 아침잠도 많겠지만, 조금만 서두르면 좋겠다."

이렇게 '이야기' 해주는 것이 학습 능력 개발에 의한 자기소화 능력 향상, 더 나아가 팔로워십의 발휘에 더 도움이 될 듯하다.

두 번째, 위치전환 능력은 우리가 자주 사용하는 단어로 바꾸자면 '역지사지易地思之할 수 있는 능력'으로, 나 아닌 다른 사람 또는 내가 속한 조직이 아닌 다른 조직의 입장에서 상황과 환경을 바라보고 의사결정을 내릴 수 있는 능력을 말한다. 최근 들어 이직이 잦아지고, 대규모 공채로 선발한 뒤 다양한 직무를 경험해 볼 수 있었던 이전 채용 형태와 달리 특정한 팀, 특정한 업무별로 직원을 채용하는 형태가 늘어나면서 다른 직급, 다른 업무를 하는 사람이나 조직을 이해할 수 있는 기회는 점점 더 줄어들고 있다.

이런 상황에서 팔로워들은 다양한 사내 동호회 참여, 다른 조직이나 직급의 사람들과 의도적인 식사, 다과 또는 술자리 마련 등을 통해 위치전환 능력을 개선시킬 수 있고, 리더로서는 의도적인 직무순환Job Rotation, 정규조직에만 의존한 조직운영을 탈피하여 다

따라야 따른다

양한 비상설 조직Task force team을 활성화함으로써 구성원들의 위치 전환 능력 향상을 도와서 그들의 자기소화 능력 향상을 도모할 수 있다.

마지막으로 시점전환 능력은 위와 마찬가지로 우리가 자주 사용하는 단어로 바꾸면 '장기적인 안목'이 되겠다. 보통의 직장인이나 조직의 하부 구성원들의 경우 일을 하거나 처한 상황과 주어진 환경에 대해 이해하고 분석하는 시점의 기준은 '현재'에서 앞뒤로 며칠을 크게 벗어나지 않는다.

길어봐야, 별로 심각하게 고민하지 않은 채 '어차피 수정할 생각을 하고' 작성한 연간계획이 있기는 하지만, 대체로는 주간계획 정도가 일반적인 직장인들의 머릿속에서 작동하고 있는 시간계획이고 그 정도의 기간이 시점의 오차범위에 속한다. 그렇다보니 팔로워들은 모든 일에 대해 '지금 상황', '지금 처지'에서 판단하고 이해하기에 급급해진다. 그런 그들에게 필요한 것이 바로 시점전환 능력 즉, 장기적인 안목이다. 지금 사원의 기준이 아니라, 팀장, 임원의 시점에서 상황을 되짚어 보고 판단하려고 노력하는 모습, 지금 시점에서의 회사가 아니라 중장기 비전을 달성한 이후의 시점에서 바라본 회사를 생각하며 일할 수 있는 능력이 바로 시점전환 능력이고, 곧 자기소화 능력을 구성하는 주요한 세 번째 능력이다. 이를 위해 리더와 팔로워는 자신의 중장기 계획을 서로에게 허심탄회하게 열어놓고 그 계획이 서로 어긋나 있거나, 지나치게 몰리거나 공백이 있는 경우는 없는지 조율하고 이후에도 지속적으로 상대방의 중장기 계획에 대해 관심을 갖는 것이 중요하다.

이상으로 탁월한 팔로워십 발휘를 위해 필요한 자기소화 능력에 대해 알아보았다. 앞서도 말했지만 팔로워들이 자신의 자기소화 능력을 향상시킬 수 있는 핵심은 우리 조직의 이야기, 리더가 만들어 온 스토리에 얼마나 동참할 수 있느냐 없느냐에 달려 있다. 같은 논리로 리더가 팔로워들의 자기소화 능력을 향상시키기 위해서는 그들이 리더 자신의 이야기를 듣도록 만들 것이 아니라, 리더의 이야기에 동참해서 이후 이야기를 만들어 가고 싶도록 해야 한다.

탁월한 팔로워가 되고 싶은가? 탁월한 팔로워를 키워내고 싶은가? 그렇다면, 이야기하라. 진심으로 이야기하라.

넷, 팔로윙 커뮤니케이션

탁월한 팔로워십을 발휘하기 위한 네 번째 요소는 '팔로윙 커뮤니케이션'이다. 무언가를 팔로윙Following하는 커뮤니케이션이 아니라, 제대로 된 팔로워들이 발휘하는 커뮤니케이션을 나타내기 위해 만들어낸 조어造語다.

그렇다면 그냥 커뮤니케이션과 팔로윙 커뮤니케이션의 가장 큰 차이는 무엇일까?

따라야 따른다

그것은 바로 2가지, '용기와 적극성' 그리고 '동질감과 동참의식'이다.

용기와 적극성

공자가 편찬한 것으로 알려진 《춘추春秋》의 주해서로 알려진 〈춘추좌씨전春秋左氏傳〉에 보면 이런 이야기가 나온다.

'진국晉國을 다스리던 헌공獻公은 곽국虢國의 땅을 차지하고 싶었다. 하지만, 진과 곽의 사이에는 우국虞國이 있었다. 진헌공은 우국의 왕에게 사신과 함께 각종 금은보화를 가져다 주면서 '곽을 칠 테니 길을 비켜 달라假道滅虢'는 뜻을 전했다. 이를 전해들은 우국의 대부 궁지기宮之奇가 펄쩍 뛰면서, "우와 곽은 서로 의지해야만 생존할 수 있는 작은 나라들이오. 입술이 없으면 이가 시린 법. 곽이 망하면 우 역시 화를 당할 것이오"라며 왕과 다른 신하들을 만류했다. 하지만 금은보화에 눈이 먼 우왕과 신하들은 진에게 길을 내줬고, 진국은 곽국을 정복하고 돌아오는 길에 우국까지 점령해 버리고 말았다.'

이상이 우리가 '광대뼈와 잇몸은 서로 의지하고, 잇몸이 없으면 이가 시리다輔車相依, 脣亡齒寒'는 고사 또는 줄여서 '순망치한'으로 사용하고 있는 사자성어에 얽힌 이야기이다.

그런데 이 이야기 중에 등장하는 '곽'이라는 나라의 마지막 왕

'추醜'는 그 성격이 난폭하고, 군사를 직접 이끌고 싸움하기를 즐겨서 나라 정사를 돌보지 않고 호시탐탐 이웃 나라와 자잘한 분쟁을 일삼던 못난 왕이었다고 한다.

결국, 나라의 힘이 약해질 데로 약해져서 진국의 침략에 제대로 싸워보지도 못하고 나라를 뺏긴 뒤 괵의 추왕은 기약 없는 피난길에 오르게 되었다. 그런데 명색이 왕이라고 적에게 쫓겨 도망가는 주제에 갑자기 목이 컬컬하다며 술을 찾았다. 모두들 이 피난길에 어떻게 술을 구하냐며 발을 동동 구르고 있는데, 한 신하가 어디서 구했는지 썩 괜찮은 술 한 동이와 잔을 들고 나타났다. 기분 좋게 술 한 사발을 들이킨 왕은 이번에는 안주거리로 고기를 좀 내오라고 했다. 이번에도 아까 그 신하가 빛깔 좋은 고기 한 덩이를 요리해서 갖고 왔다. 한참을 먹고 마시던 왕은 불현듯 이상한 생각이 들어서 물었다.

"공은 이 난리통에 어찌 이리 좋은 술과 고기를 구할 수 있었소?"

그러자, 신하가 대답했다.

"안사람을 시켜 미리 마련해 두었습니다."

그 대답이 더욱 기이하게 여겨진 추왕이 다시 물었다.

"이 난리가 날 줄 어찌 알고 준비를 했단 말인가?"

그 물음에 신하는 거침없이 다시 답했다.

"나라 돌아가는 꼴을 보아하니, 곧 큰 변고가 터지고, 피난길에 올라야겠구나 싶었습니다."

따라야 따른다

신하의 대답을 들은 추왕은 어이없어 하며 다시 또 물었다.

"아니, 공은 나라가 망해 피난 갈 줄 알고 있으면서도 내게 왜 말을 안 했는가?"

신하는 이번에는 조금 쑥스럽다는 듯이 머뭇거리다 대답했다.

"제게는 위로 모셔야 할 부모와 밑으로 딸린 자식들이 많아서…… 바른말 하다 제 목이 달아나면 식구들이 가엽지 않습니까?"

우스개 소리와 같은 이 이야기는 실제 기원전 600년대 중반쯤에 있었던 일이라고 한다.

그런데 과연 이런 일이 2,600여 년 전에만 있었던 일일까?

우리는 최근에도 파산한 기업이나 무너진 조직, 망가진 국가에서 아무 말 않고 있다가 나라가 망하자 왕에게 술과 안주를 바친 '괵국의 신하'와 같은 사람들을 자주 볼 수 있다. 국민들의 민주화 시위로 최고 권력자들이 권좌에서 물러난 북아프리카와 중동의 국가들에서 주로 볼 수 있고, 분식회계나 허위공시로 도산한 기업에서 자주 볼 수 있으며, 이 팀에 치이고 저 팀에 치이고 하면서 점차 존재감을 잃어가고 있는 조직 내에서도 자주 만날 수 있다.

바로 탁월한 팔로워가 갖춰야 할 주요한 능력인 '팔로윙 커뮤니케이션'을 위해 용기와 적극성이 필요한 이유가 여기에 있다. 통상 커뮤니케이션 상황에서 팔로워는 인간관계나 조직 위계상(직급, 역할 등) 수동적인 청자聽者의 입장이기가 쉽다. 이때 이런 역학관계를 그대로 인정하고 지속적으로 수동적인 커뮤니케이션 관계를 유지해 나가는 것이 앞서 말한 '그냥 커뮤니케이션'이다. 이 '그냥 커뮤니케이션'의 장점은 리더와 어떠한 갈등관계도 만들 필요가 없으므로 팔로워로써는 관계에 있어 모험을 걸 필요가 없다는 장점이 있다. '꼭국의 신하'나 2000년대 중후반 사상 최고 규모로 파산한 '엔론Enron'과 '월드콤World Com'의 회계담당자들이 모두 이런 '그냥 커뮤니케이션'의 안정적이고 평온한 달콤함에 빠져들었던 것이다. 바로 그런 안정과 평온함을 깨고 제대로 된 '팔로윙 커뮤니케이션'을 통해 리더가 바른 판단을 하도록 보완하고 견제하며 조직이 올바른 방향으로 나아가도록 여론 조성을 하려면 개인적인 용기와 적극적으로 나설 수 있는 태도가 필요하다. 따라서 용기와 적극성을 팔로윙 커뮤니케이션의 첫 번째 조건이라 하는 것이다. 그렇다면 그런 용기와 적극성을 향상하려면 어떻게 해야 할까?

먼저 리더는 팔로워들이 '잘못된 이야기'를 할 때, 그런 '잘못된 이해'를 하고, '잘못된 분석'을 해서 '잘못된 판단'을 하게 된 과정을 탓하고 비판해야지 잘못된 내용을 '이야기하는 것' 자체를 비난하거나 나무라서는 안 된다.

아기가 '음무', '엄무', '엄마'라고 할 때, 틀린 단어로 부른다고 못들은 척하지 않고 엄마들이 계속 '엄마 해봐, 엄마'라고 고쳐주며 이야기하도록 했을 때 아기들이 비로소 '엄마'라며 제대로 발음한 단어를 말하는 것처럼, 아무리 틀린 말, 틀린 내용을 이야기하

따라야 따른다

더라도 리더들은 올바른 판단과 쓸만한 내용이 있는 이야기를 할 수 있도록 인내심을 갖고 기다려 주며, 팔로워들이 적극적으로 말할 수 있는 분위기를 조성해야 한다. 단, 이런식은 정말 곤란하다.

"자, 오늘 회의때 우리 팀에서 누가 얘기 한마디도 안했지? 그래 송 대리랑 윤미 씨가 한마디씩 해보지."

리더에게 필요한 것은 들을 준비, 그리고 인내심뿐이다.

동질감과 동참의식

반면, 팔로윙 커뮤니케이션을 위해 팔로워들이 자신의 용기와 적극성을 키우려면 어떻게 해야 할까?

그를 위해 필요한 것이 바로 동질감과 동참의식이다.

앞선 상황에서처럼 리더 또는 조직 전체의 의지를 거스르고 리더와 조직에 올바른 방향으로 의사결정을 유도하려는 용기를 내려면, 조직의 성공을 나의 성공으로 여기고 리더의 질책이나 처벌과 같은 개인의 희생이 있더라도 조직의 성장을 위해서 기꺼이 감내하고 헌신하고자 하려는 의지가 필요하다. 그러한 헌신의 기반은 조직에 대한 동질감과 동참의식에서 비롯된다.

여기서 말하는 동질감은 앞서 탐색 능력에서의 동일화와 비슷한 개념이지만, 헌신적인 부분이 보다 강조된 개념이다. 헌신은 영어로 '스스로'를 뜻하는 'Self'와 '제물로 바쳐지다'는 뜻의 'Sacrifice'가 합쳐진 'Self-Sacrifice'로 번역된다. 여기서 '제물로 바쳐지다'는 Sacrifice라는 단어 때문에 헌신은 구성원들에게 맹목적인 희생이나 이득 없는 자기 손해로 받아들여지곤 한다. 하지만 Sacrifice라는 단어를 보다 자세하게 들여다보면 이는 다시 '성스러움'을 뜻하는 라틴어 단어인 Sacra와 '무언가를 되도록 하다'는 뜻의 Facere로 이루어진 단어임을 알 수 있다. 즉, 자신에게 소중한 것에 대한 욕심을 버리고 그를 기꺼이 기부함으로써 자신들의 종교와 의식 등을 '성스럽게 한다'는 뜻이다. 과거 가장 소중한 재산이었던 가축을 바침으로써 자신들의 종교적 의식을 보다 성스러운 것으로 만들다가 점차 그 도가 지나쳐 심지어 살아있는 인간을 희생시키는 일까지 발생하면서 어느덧 헌신은 조금은 부정적이고 때로는 파가니즘Paganism(이교도적인)의 느낌까지 주는 단어로 인식되는 지경에 이르렀다. 하지만 헌신은 세속적인 것을 성스러운 것으로 변환시킨다는 본래의 의미에서 본다면 지극히 역동적이고 생산적인 개념의 단어이다.

이를 다시 조직 상황에 대입해 팔로워들이 자신에게 가장 중요한 것들인 '노력', '열정', '시간' 등을 조직과 조직장에게 기부함으로써 '비전의 달성', '성공경험의 공유', '경력개발', '자아 성취' 등과 같은 새로운 부가가치를 창출하는 것을 헌신이라고 이해하면 어떨까?

바로 이러한 헌신이 기반이 될 때 느껴지는 조직에의 동질감은 조직의 활동, 리더와 함께하는 활동에 기꺼이 참여하여 내가 가진

따라야 따른다

모든 능력을 최선을 다해 발휘하고픈 동참의식으로 나타난다. 그리고 그러한 동질감과 동참의식이 조직이 잘못된 방향으로 나아가서 위기 상황을 맞거나, 조직이 옳지 않은 의사결정을 내리려 할때 용기와 적극성을 바탕으로 한 팔로윙 커뮤니케이션으로 나타날 것이다.

이를 위해 리더들은 끊임없이 팔로워들에게 '당신이 가진 중요한 그것이 우리 조직에 기부되었을 때 얼마나 성스러운(대단한) 결과를 가져올 것인지?'에 대해 끊임없이 이야기해 주고, 팔로워 스스로 상상할 수 있도록 도와 주어야 한다.

다섯, 전략적 경청

미국계 부동산 개발회사의 한국 지사에 근무하는 송승연(38세, 여. 가명) 이사는 대리 직급을 달고 이 업계에 뛰어든지 불과 3년 만에 두 직급을 뛰어넘어 부장으로 승진했고 다시 반년 만에 이사대우, 그리고 다시 1년 만에 이사로 진급을 한 입지전적인 인물이다. 여대에서 의상디자인을 전공한 송 이사는 부동산 업계에 진출하기 전까지는 한 잡지사의 편집기자로 5년간 근무했었다.

학문적 배경이나 사회에서의 경력을 살폈을 때 이 업계에서 그녀가 이토록 눈부신 성장을 하리라는 것을 예상한 사람은 아무도 없었다. 하지만 그녀와 5분 이상 대화를 나눠보면 열에 아홉 명은 그녀의 능력에 그 직함이 당연하다고 여기게 된다. 그 이유 중 가장 큰 것이 '그녀가 이야기를 정말 잘 한다'는 것이다. 과연 그럴까?

개인적으로 만나 본 그녀는 달변보다는 여자치고는 과묵한 쪽에 가까웠다. 게다가 대화의 내용을 얼마나 꼼꼼하게 기록하는지 대화가 자주 끊기기 십상이었다. 그런데 어떻게 그녀는 '대화를 정말 잘 한다'는 이미지를 갖게 되었을까?

바로 탁월한 팔로워십의 다섯 번째 요건인 '전략적 경청'을 잘했기 때문이다.

그렇다면 '전략적 경청'이란 도대체 무엇일까?

일상적인 생활 속에서 소리를 듣는 모든 행위는 사실 '청취聽取'라는 단어 하나로 나타낼 수 있다. 그런데 왜 '경청'이나, '전략적 경청' 같은 단어들이 필요한 것일까?

바로 이 '청취'라는 단어가 지극히 '나' 중심적인 단어이기 때문이다. 즉, '들리는 것聽' 중에서 '갖고 싶은 것만 갖겠다取'는 의미로 상대방이 말하는 것 모두가 의미 있는 것이 아니라 그 중에 내게 의미 있는 것만이 언어로서 의미를 가지는 구조이다. 자연에 존재하는 수많은 소리들에 '청취'라는 말을 쓰지 않고, '내'가 관심을 갖고 듣고, '내' 귀에 이어폰이나 헤드폰으로 들린 소리들에 대해서만 '청취'라는 말을 쓰는 이유가 바로 이러한 이치이다. 반면, 경청傾聽 또는 敬聽은 지극히 '당신You' 중심적인 단어이다. '당신이 얘기

240

하는 모든 것에 귀 기울이고傾 중히 여겨敬 듣겠다.' 는 뜻이 담겨있는 단어이다.

이렇다 보니, 상하간 커뮤니케이션이 원활하게 이루어지는 긍정적인 조직문화를 위해서는 리더든 팔로워든 간에 상대방의 말을 '청취' 하는 것이 아니라 '경청' 하려는 노력이 필요하다는 것이 강조되고 있다.

그런데 탁월한 팔로워십을 위해서는 그보다 한 발 더 나아가 단순한 경청이 아니라 '전략적 경청' 이 필요하다.

전략적 경청의 정의를 내리자면, '화자(상대방)에게 집중해서 듣고 있다는 반응을 줘서 자신(상대방)이 이야기를 주도하고 있다는 느낌을 주되, 전체 대화는 청자(나 자신)가 원하는 방향으로 이끌어 나가며 원하는 정보, 동의 등을 얻어내는 행위' 를 말한다.

그렇다면 어떻게 하는 것이 전략적 경청이고, 전략적 경청을 잘하려면 어떻게 하면 될까? 물론 사람에 따라 여러 가지 방법이 있겠지만, 여기서는 '3척' 으로 정의 내려 정리하고자 한다.

전략적 경청 1. 못 들은 척

혹시 서비스 업장 중에서 가장 다양한 컴플레인Complaint(불만사항)이 발생하는 곳이 어디인지 아는가?

여러 의견이 있겠지만, 가장 복잡 다양한 불만사항이 발생하는 곳은 국제선 비행기 안이다.

국제선 비행기는 수백 명의 사람이 짧게는 2시간에서부터 최대 16,7시간까지 좁디 좁은 의자에 앉아서 먹고, 마시고, 놀다가, 자고, 다시 깨서 먹고, 용변을 보는 등의 우리 일상생활 모든 요소를 경험하는 공간이기 때문이다. 다행인 것은 그런 고객들의 불만을 처리하는데 이골이 난(거기에다가 모두 대단한 미모를 갖춘) 서비스 전문가들이 함께 비행을 하며 우리를 돌봐 준다는 것이다.

그 서비스 전문가 중에서도 최고 우수 직원으로 여러 차례 선발되었고, 결혼 이후에는 지상에 근무하며 신입 스튜어디스들에게 자신의 서비스 비법과 마인드를 가르치는 강사로 활동을 했던 지인이 가르쳐준 서비스 기법이 하나 있다.

불만을 항의하기 위해 찾아온 고객에게는 무조건 해명을 하거나 얘기를 들어주는 것이 아니라, 먼저 차 한잔을 권하며 진정을 시킨다는 것이었다. 그렇다면, 이 상황에서 고객에게 드릴 음료는 '아이스티'와 '따뜻한 녹차' 둘 중 어떤 것이 더 적절하겠는가?

아마도 대부분 '차갑게 이성적으로 생각' 하고, '진정하고 냉정하게 판단' 하라는 의미로 차가운 '아이스티' 쪽에 손을 든 사람이 많을 것이다. 하지만 정답은 뜨끈뜨끈한 녹차다. 이유는 (분노 혹은 불쾌한) 감정이 북받쳐 오른 고객이 한바탕 퍼붓기 위해 들이닥쳤다가도 따뜻한 차를 받아 들고 그를 식히기 위해 '후후' 불어가며 잠시 시간적 여유를 갖게 되면서 자신이 하고자 하는 이야기, 따지고자 하는 내용에 대해 이성적으로 다시 생각해 보고 자기 논리를 만

따라야 따른다

들기 위한 노력을 하면서, 지나치게 감정적이었던 부분은 어느 정도 감소되고 불만을 처리해야 할 직원이 논리적으로 납득시키거나 해결해 줄 수 있는 부분만 남게 된다는 것이었다. 이와 비슷한 효과를 거둘 수 있는 방법으로 항의를 하거나 언쟁이 일어났을 때, 잠시 그를 멈추고 장소를 이동해서 다시 시작하자고 하면 그 짧은 이동시간 동안에도 감정적인 정리가 이루어지고 비논리적으로 다툴 소지가 많이 줄어드는 것을 볼 수 있다고도 했다.

전략적 경청의 첫 번째 '척'인 '못 들은 척'도 이와 같은 원리에서부터 시작한다.

보통 직장이나 조직생활에서는 '말귀 잘 알아듣는 것'을 일 잘하는 사람이 갖춰야 할 능력 중 대표적인 것으로 여기는 경우가 많다. 그런데 전략적 경청을 위해 '못 들은 척'하라는 이유는 무엇 때문일까? 조금 전에도 말했지만 '불만을 항의하러 온 고객에게 드리는 따뜻한 차'와 같은 효과 때문이다.

보통의 팔로워들이 리더들에 대해 오해하는 가장 큰 부분이 '혼'과 '화'를 구분하지 못하는 데에서 시작한다. '혼'과 '화'는 똑같아 보이지만 전혀 다른 성격의 감정 표현으로 '혼내는 것'은 혼이 나야 하는 상대방이 잘못을 해서 그를 경각 시켜주기 위해 표출하는 것인 반면 '화내는 것'은 상대방이 잘못해서도 발생하지만, 그보다는 화를 내는 주체의 감정 상태에 좌우되는 경우가 많다.

예를 들어, 중요한 회의 직전에 며칠 동안 작업한 보고 자료를 다 날려버린 엄청난 사고를 저지른 A라는 직원과 B라는 직원이 있다고 했을 때, 같은 상황에서도 리더가 A에게는, "조심 좀 하지 그랬어? 기존 자료 대충 정리해서 나눠주도록 해"라고 하고, B에게는, "조심성 없게! 넌 매사가 왜 그 모양이야? 정신을 어디다가 두고 다니는 거야? 바보 같은 녀석! 에잇, 멍청하긴. 기존 자료라도 빨리 정리해서 준비해. 도대체 요즘 녀석들은 믿을 수가 없어, 에잇"이라고 했다면 '조심성이 없다'가 혼내는 것이고, '기존 자료 정리해서 나눠줘'는 리더로서의 해결방안 제시이고, 나머지 '왜 그 모양이야', '정신을 어디다가 두고 다니는 거야', '바보 같은 녀석' 등등은 모두 말하는 리더의 당시 감정상태 또는 B라는 직원에게 평상시 품었던 감정 등의 상호 작용으로 발생한 '화'이다.

그런데 그에 대해 맞바로 대응하여, "아니, 말씀이 조금 심하신 것 아닙니까? 한 번 실수한 것 가지고 매사가 그 모양이라니요? 바보 같다니요?"라고 한다면 그 이후의 결과는 불 보듯 뻔할 것이다. 둘 중에 하나가 녹아웃Knock out되어야 끝나는 비극적 상황으로 변하고 만다. 그리고 그 비극적 결말의 거의 대부분은 팔로워들이 희생자 배역을 맡게 된다.

이럴 때 필요한 것이 바로 전략적 경청을 위한 첫번째 팁인 '못 들은 척'이다.

여기서 '못 들은 척'은 단순히 '청취가 이뤄지지 않은Listenless' 상태를 뜻하는 것이 아니라, 리더와 팔로워 사이의 감정 교류에서

따라야 따른다

서로 냉정함과 객관성을 유지할 수 있는 영역을 만드는 것을 의미한다. 무슨 문제가 있어서 리더로부터 이야기를 들었을 때 리더의 이야기로부터 '혼'과 '화'를 분리해낼 수 있는 시간적 여유, 리더가 자신의 감정을 추스르고 팔로워에게 전달해야 할 객관적인 정보, 지시 등만 추려낼 수 있도록 만들어 줄 수 있는 불만 고객에게 제공하는 따뜻한 차 한잔과 같은 역할, 이것이 탁월한 팔로워들이 때로는 '못 들은 척' 해야 하는 이유이다.

전략적 경청 2. 놓친 척

지금은 그 신화가 퇴색했지만, 한때 전 세계 비즈니스계를 주름 잡았던 것은 일본의 굵직굵직한 대형 종합상사들이었다. 특히 미쯔비시三稜, 미츠이三井, 스미토모住友, 이토추伊藤忠, 마루베니丸紅 등 5대 종합상사는 그 정보력이나 교섭력에 있어서 왠만한 중소국가보다도 뛰어나다는 평을 들었었다. 오죽하면 일부 아프리카 신흥국가의 경우 이들 대형 일본 종합상사에 자원의 발굴, 판매에 관한 권한을 주는 대신 해외원조 요청, 대외 교섭 등에 대한 외교적 자문을 받을 정도였다. 그런데 전성기 때 이들 기업의 담당자들과 교섭이나 협상을 한 번이라도 진행해 본 우리나라 기업인들은 그들의 한마디 때문에 고개를 절레절레 흔들었다고 한다.

그 말은 바로 '소데스까そうですか(한국어로 '그렇습니까?')'였다.

미리 사전에 다 알려주고 합의를 한 사항에 대해서조차 다시 논의할 때 마치 처음 듣는 얘기인 듯 '소데스까?'를 외치는 순간 모든 논의는 다시 중립지역에서 백지 상태로 돌아가 버린다는 것이었다. 그런데 거기에 그들의 놀라운 협상 의도가 들어 있었다.

1989년, 《No라고 말할 수 있는 일본》이라는 책이 일본은 물론 번역본으로 출간되어 한국과 미국 등에서도 베스트셀러 반열에 올랐던 적이 있다. 이 책을 쓴 이시하라 신타로石原慎太郎는 이 책의 인기를 발판으로 '제법 인기 있는 극우주의 소설가' 또는 '국민배우의 형[16]' 정도에서 일약 보수 진영의 아이콘으로 떠오르면서 일본에서 천황, 총리대신 다음가는 권력이라는 도쿄 도지사의 자리에 올라 4번이나 연임할 수 있었다.

그런데 이 책에서 'No라고 할 수 있는' 대상은 어디일까? 이 시기의 일본이라면 그 상대는 당연히 미국이었다. 당시 일본은 대미 무역을 통해 엄청난 흑자를 기록하고 있었다. 특히 이시하라의 책이 출간된 1989년에는 소니가 미국의 콜롬비아 영화사를 인수했고, 미쯔비시가 미국인들이 자신들의 심장부로 여기는 뉴욕 맨해튼의 록펠러센터를 구입하면서 일본에 대한 미국인들의 경계심은 이전과 비교할 수 없을 정도로 커졌으며, 그에 대응하여 일본인들

---

16 70년대 우리나라의 수사반장과 비슷한 형사 시리즈물의 주인공으로 엄청난 인기를 거두고 일약 전후 일본의 부활을 상징하는 강인한 남성상을 대표하는 인물로 그려지며, 국민배우의 반열에 올랐던 이시하라 유지로(石原裕次郎)가 이시하라 신타로의 동생이다.

따라야 따른다

이 자신들의 위상과 대미관계에 대해 재인식하는 작업이 빠른 속도로 이뤄지고 있었다. 그러한 결과물의 총합이 어쩌면 《No라고 말할 수 있는 일본》이었던 것이다.

그런데 역설적으로 생각해 보면, 이 당시까지도 일본인들은 그만큼 'No'라는 이야기를 못하는 사람들이었다는 뜻도 된다. 문화적 이유일 수도 있고, 역사적 산물일 수도 있겠지만, 그들은 듣고 있는 사람이 답답해서 죽을 지경일 정도로 'No'라는 말을 하지 않는 민족이다. 그런 그들이 어떻게 해서 국제 비즈니스 무대에서 승승장구할 수 있었을까?

감히 말하건데 바로 이 '소데스까?'라는 말 한마디가 큰 역할을 했음이 틀림없다고 생각한다. 상대방의 주장에 대해 즉각적이고 확실하게 긍정 또는 부정의 표현은 하지 않으면서, 논의를 다시 백지의 영역으로 이끌고 감으로써 원하는 방향 어디로든 쉽게 가져갈 수 있도록 한 그들의 접근 방식은 상대방을 지치게 만들면서도 협상을 파국으로는 이끌지 않았고 토론의 반복적인 '중립회귀'의 결과는 상대방이 점차 일본 측이 원하는 답을 스스로 찾아나서서 '하이!はい(한국말로 '네')라고 대답하도록 영향력을 발휘했다.

실제 리더와 팔로워 사이의 커뮤니케이션 상황에서도 80년대 일본 비즈니스맨들이 처했던 입장과 크게 다르지 않은 관계가 형성된다. 즉, 리더의 이야기에 쉽게 'No'라고 말할 수 있는 팔로워들은 많지 않을 것이다. 이럴 때 무책임한 침묵과 외면, 또는 무조건적인 극렬한 반대를 통해 극심한 갈등을 유발하는 것보다는 '아, 그렇습니까?' 라고 모르는 척, 놓친 척 되묻는 한 마디를 통해 논의를 중립단계로 옮겨놓은 것이 의외로 효과적인 경우가 있다. 그를 통해 리더에게 '당신의 지시나 주장에 반대하지는 않지만, 다시 한 번 생각해 볼 재론의 여지를 두었으면 좋겠다' 라는 무언의 메시지를 전달하게 되고, 그러한 메시지가 반복적으로 전해질 때 의외로 리더는 극적으로 전향적인 변화를 보이기도 한다.

전략적 경청 3. 더 듣고 싶은 척

학창시절 반이나 전교에서 공부를 잘한다고 소문났던 '1등' 들의 모습을 떠올려 보면 한 가지 공통적인 것이 생각난다. 공부하는 방식이나 습관, 형태 등은 제각기 달랐지만 거의 대부분의 1등들은 꼭 쉬는 시간 벨이 울리기 직전 혹은 올렸을 때 질문을 하곤 했다는 것이다. 이런 모습들 때문에 수많은 1등들이 다른 수십 명의 급우들에게 미움과 질타의 대상이 되기도 했지만, 그들은 그런 비난쯤은 아랑곳하지 않고 꿋꿋하게 자신이 궁금한 점이 있으면 기꺼이 손을 들고 질문했다. 거기에서 한발 더 나아가 쉬는 시간이나 점심시간, 혹은 방과 후에 책을 들고 아예 교무실로 찾아가서 선생님께 모르는 것을 묻곤 하는 친구들도 있었다. 그런데 여기에 그들이 자신이 속한 집단에서 1등을 할 수 있었고, 성공할 수 있었던 중요한 비결이 숨어 있었다.

잠시 다른 얘기부터 하고 다시 생각해 보자.

직원들의 교육 업무를 담당하던 시절 간단한 실험을 한 적이 있다.

약 90여 명의 교육생을 세 그룹으로 나눠 30명은 스피커Speaker, 다른 30명은 리스너Listener, 또 다른 30명은 레코더Recorder의 역할을 주었다. 그리고 1명의 스피커와 리스너와 레코더가 한 조가 되도록 3인 1조로 편성하여 10개의 대화 집단을 만들었다.

그리고 먼저 강의실 밖으로 각 조의 스피커들을 불러냈다. 그들에게 20개의 문장으로 이루어진 이야기가 적힌 종이를 한 장씩 나눠주고 10분간 반복해서 읽고 내용을 완전히 숙지해 달라고 했다. 이제 그들의 역할은 안에 들어가서 자신이 속한 조의 리스너에게 그 종이에 적힌 내용을 이야기해 주면 되는 것이었다. 단, 종이에 적힌 내용을 그대로 보고 읽어서는 안 되며 반드시 외워서 얘기하도록 했다. 다음은 각 조의 레코더들을 불러냈다. 그들에게는 스피커에게 주었던 것과 동일한 내용이 적힌 종이를 나눠주고, 나중에 안에 들어가서 같은 조끼리 이야기할 때 스피커가 리스너에게 이야기한 내용에 표시를 하고, 추가적으로 한 이야기가 있으면 별도로 기록하도록 했다. 마지막으로 각 조에서 리스너 역할을 맡은 10명을 불러냈다. 그리고는 다시 그들을 5명씩 나눠서 첫 5명에게는 나중에 스피커가 이야기하면 적극적으로 맞장구를 치고, 궁금한 것이 있으면 먼저 나서서 물어보고, '더 이야기해줘', '그거 재미있네', '그래서, 또 더 없어?' 등의 이야기를 해 주도록 했다. 그리고 나머지 5명에게는 '고개를 숙이고', '시계를 쳐다보고', '좌우로 허리를 돌리고', '눈은 절대 마주치지 않도록' 했다. 이렇게 사전 준비를 마치고 모두 강의실에 모아놓고 약 5분간 3인 1조로 대화를 하도록 했다.

5분이 지난 뒤 먼저 각 조의 레코더들을 불러내서 그들이 기록한 것을 비교해 보았다. 예상은 거의 정확했다. 적극적으로 맞장구를 치며 대화를 듣도록 한 리스너가 속한 조의 스피커가 전달한 데이터의 양과 정확도가 그렇지 않은 리스너가 속한 조의 그것보다 훨씬 높았다. 이후에도 여러 차례 비슷한 실험을 했지만, 그날 교육생들의 컨디션이나 학력 수준에 따라 조금 들쑥날쑥하기는 했지만, 어쨌든 적극적인 경청을 한 리스너가 스피커로부터 전해들은 데이터가 훨씬 정확하고 그 양도 풍부했으며 최종확인 결과에서도 리스너들이 그 내용을 이해하고 있는 정도가 탁월하게 높았다.

앞서 이야기한 전교 1등을 하던 친구들의 경우에도 이와 비슷한 현상이 일어났다고 볼 수 있다. 1등인 학생들은 질문을 하면서 자신이 알고 있는 바와 모르고 있는 바를 명확히 구분하게 되고 교사는 상대방(학생)이 자신이 가르쳐 준 내용을 조금이라도 더 듣고 싶어한다는 것을 깨닫고, 혼신을 다해 자신이 알고 있는 내용을 말해주게 된다. 더 나아가 주변에 교직에 있는 사람들을 인터뷰해 본 바에 따르면 실제 그런 적극적인 학생과의 개별적인 질문과 답변의 과정에서 교사들은 저도 모르게 중요한 포인트나 시험에 나올

따라야 따른다

부분, 보다 손쉽게 문제를 풀 수 있는 해법 등을 다른 학생들보다 더 자세히 가르쳐 주게 되더라는 것이다. 알고 보면 전교 1등 학생들은 1등이 될 수밖에 없었던 것이다.

이를 직장생활에 대입해 보면 어떨까?

평상시 존경하고 많은 가르침을 받고 있는 직장 상사가 계신데 그분의 스타일 역시 그렇다. 상사로부터 어려운 미션을 부여 받거나 보고를 준비하라는 지시를 받으면 대개 '타사 벤치 마킹'이나 '과거 자료 찾아보기' 또는 '구미 각국의 경영대학원 연구사례' 등을 들춰보며 끙끙 앓는 것이 대부분이다. 하지만 이 분은 '차 한잔 얻어 마시러 왔습니다'라고 하며 그러한 지시를 내린 상사를 다시 찾아간다고 한다. 그리고는 상사가 지시한 일에 대해 상사가 생각하고 있는 의중이나 바라보는 관점 등에 대해 이런 저런 질문을 한다고 한다. 그러면 상사들은 '뭘 쓸데없이 묻고 그래?'라고 하면서도 자신의 머릿속에서 생각하고 있던 바를 대부분 술술 얘기해주는데 그것을 반영하여 보고서를 만들거나 업무를 준비하면 거의 틀림이 없다고 했다.

탁월한 팔로워들은 이렇게 대화를 하면서도 상대가 더 말할 수 있도록, 더 많은 것을 이야기할 수 있도록 '더 듣고 싶은 척'을 잘 하는 사람들이다.

이상의 3가지를 포함한 능동적인 경청의 자세. 이것이 바로 전략적 경청이다.

단순히 메모 잘하고, 고개 몇 번 끄덕이는 것만이 경청이 아니다. 진정 성공적인 팔로워가 되기 위한 경청이라면 적어도 이 3가지 요소를 갖춘 전략적인 모습이 되어야 한다.

2009년 7월.

하버드 대학에 근무하는 저명한 흑인 학자인 헨리 게이츠Henry Louis Gates Jr. 교수는 중국 출장을 마치고 자신의 집 현관문을 열려는 순간 자신이 열쇠를 갖고 있지 않다는 것을 알게 되었다. 결국, 자신을 공항에서부터 태우고 온 자동차 기사(공교롭게도 그 역시, 흑인)의 도움을 받아 현관 문을 여는 순간 이웃 주민의 신고를 받고 도착한 경관이 그를 '불법 가택 침입'을 기도하는 범법자로 몰아가기 시작했다. 게이츠 교수는 그 집의 주소가 표기되어 있는 자신의 운전면허증과 하버드 대학 교수 신분증을 제시하며 경관에게 항의했고, 경관(백인)은 자신이 알고 있는 복무 규정에 의거하여 그를 공무집행방해 혐의로 수갑을 채워 경찰서에 구금해 버렸다.

이후 오해가 풀려 경찰은 게이츠 교수를 무혐의 석방했고, 이 사건은 지방 한 대학도시에서 벌어진 작은 헤프닝 정도로 끝나는 듯했다. 하지만 그의 오랜 친구이자 함께 흑인 인권 운동을 이끌었던 현직 대통령인 버락 오바마Barack Hussein Obama가 이 소식을 전해 듣고 한 기자회견에서 '경찰이 정말 어리석은 짓을 했다'며 해당 경관과 미국 경찰 전체를 싸잡아 비난하는 듯한 이야기를 하자, 이번

따라야 따른다

에는 전국의 경찰들은 물론 백인 주민들이 들고 일어났다. 결국, 미국에서 가장 아프고 쓰린 사회 갈등 중의 하나인 흑백갈등으로 이 사건이 비화될 듯한 조짐을 보이자 백악관에서는 사건의 당사자인 게이츠 교수와 그를 구금한 백인 경관인 제임스 크롤리James Crowley 경사, 그리고 오바마 대통령과 조지프 바이든Joseph Robinette Biden Jr. 부통령, 이렇게 4명을 한자리에 모아 맥주 모임을 제안했다. 며칠 뒤 그들은 백악관 대통령 집무실 앞 뜰에 마련된 간이 테이블에서 각자가 좋아하는 맥주를 하나씩 들고 만났다.

이것이 '오바마의 비어 서밋Obama's Beer Summit'이라고도 불리는 특이하고도 지극히 미국적인 문제 해법을 위한 만남이었다. 40분 간 진행된 이 자리에서 별다른 대화는 오가지 않았다고 한다. 누가 누구에게 사과하지도, 누가 누구를 용서하지도, 아니면 문제를 제기하거나 다시 언쟁을 하지도 않았고 일상적이면서도 평범한 대화를 나눴다고 참가자들은 전했다. 당시 그들의 만남을 찍은 AP뉴스의 TV화면을 보면 대화를 주도한 것은 오바마 대통령이 아니었고 주로 얘기한 것은 크롤리 경사와 게이츠 교수였다. 오바마 대통령은 가끔 맞장구를 쳐 주거나 자신의 발언으로 한순간에 '어리석은 경찰', '인종 차별 주의자 경찰'로 매도되어 버린 크롤리 경사 쪽으로 몸을 기울이며 이야기에 귀를 기울였다. 백악관 관계자에 따르면 이날 어느 누구도 다른 누군가에게 사과하거나 사건의 본질적인 부분에 대한 해결책을 이야기하지 않았다고 한다. 하지만 그랬음에도 불구하고 이날 '맥주 모임'에 참석한 이들을 포함해, 이 사건과 관련한 당사자 모두는 '충분한 대화를 나눴고 만족스럽다'는 소감을 전해왔다. 이것이 바로 '경청' 특히 '전략적 경청'의 힘이다. 오바마 정부의 한 고위 공직자는 '오바마 대통령은 다른 사람의 이야기를 들을 때 보여주는 진지한 눈빛 하나로도 다른 지도자들이 1시간 동안 한 연설보다 더 큰 진심과 감동을 전해주는 능력이 있다'고 말하기도 했다.

팔로워들은 리더들의 이야기를 전략적으로 잘 경청해 주는 것만으로 리더들로부터 자신들이 원하는 바를 얻어 낼 수 있고, 리더들 역시 경청을 제대로 하면 팔로워들을 원하는 방향으로 잘 이끌어 갈 수 있다.

'그렇게 힘든 경청을 어떻게 할 수 있나요?'라고 묻는 이들에게 다시 묻고 싶다.

'힘들다고 이렇게 좋은 것을 어떻게 안 할 수 있나?'라고.

여섯, 충전-보완-대체

10여 년 전, 일본을 방문한 길에 동경에서 자그마한 개인 사업체를 경영하며 살고 있는 선배님을 가야바초茅場町의 한 메밀국수집에서 뵈었을 때 그분이 해준 이야기가 있다.

예전 아카사카赤坂에 있던 술집에 자주 다녔었는데, 거기서 만났던 긴자 마담 출신의 재일교포 사장이, "마담할 때 보니까, 온갖 고민 있는 사람들이 몰려와서 술 한잔 마시고 가는데, 아무리 화려하게 입고 있는 폼 없는 폼 다 잡아봐야 뜨내기로 온 '회사원'들과 단골이 될만한 '사장님'은 한눈에 딱 알아볼 수 있더라니까?"라고 하더란다.

그 얘기를 듣고 선배가 그걸 어떻게 아냐고 묻자 그 전직 마담은,

"회사원들은 절대 혼자 와서 술을 먹지 않지. 더군다나 회사 일로 열 받고, 고민거리가 있을 경우에는 더더욱. 고민의 크기만큼 데리고 오는 사람의 숫자가 늘어난다고나 할까? 반면, 사장님들은 혼자 올 때가 많아. 고민의 크기가 크면 클수록 더욱 외로운 사람들이야. 사장이란 사람들은……"이라고 했단다.

그런데 선배 말씀이 "그 얘기를 들을 무렵은 내가 막 개인 사업을 시작할까 말까 고민하던 시기라서 '무슨 되지 않는 이야기인가?' 했는데, 이제 내 이름으로 법인을 세우고 회사를 운영한지 몇 년이 지나고 보니까 그 마담 이야기가 딱 맞더라고. 나도 요즘 부쩍 혼자 온천을 가거나 술집에 가서 술잔을 기울이는 경우가 흔해졌으니……"라고 하시는 것이었다.

물론 일본 비즈니스맨들의 이야기이기에 우리와는 조금 다를 수도 있겠지만, 주변에 크고 작은 회사를 경영하는 선배나 사회에서 만난 지인들께 여쭤보니 우리나라의 경우도 일본과 별반 다르지

않는 듯하다. 굳이 사장까지 올라가지 않더라도 어떤 조직에서 한 단계 한 단계 위로 올라간다는 것 자체가 함께 시작한 수많은 동료와 동기들과의 승부에서 승리한 결과이고 그 승부에서 승리하지 못한 이들은 자연스럽게 도태되어 사라져 갔기에 위로 갈수록 외로워지는 것은 어쩌면 숙명과도 같은 일인지 모른다.

때문에 세계적인 기업이나 국내 일부 대기업에서는 고위직에 오른 임원들에게 과거처럼 일방적인 경영기법이나 리더십 교육 대신 개인 스스로 내적 스트레스를 극복하고 고독감, 고립감, 폐쇄감 등을 탈피할 수 있는 다양한 형태의 심리 치료나 정신과 상담 프로그램들을 수강하도록 하고 있다.

이런 리더들에게 팔로워들이 발휘할 수 있는 영향력의 마지막이 바로 '충전'과 '보완', 그리고 '대체'의 역할이며 이 세 가지가 탁월한 팔로워십의 중요한 요소가 된다.

그럼 이 세 가지 요소에 대해 조금 더 알아보자.

먼저 충전이다.

리더들은 에너지의 방전과 충전이 빈번하게 일어나는 사람들이다.

셀 수 없는 회의, 조직의 명운을 가를 수도 있다는 중압감이 실린 어려운 의사결정, 언젠가는 짊어져야 할지도 모르는 법적, 도의적 책임이 주는 부담감, 대내외의 끊임없는 주목과 견제 등, 그들의 에너지를 갉아먹는 존재들은 이루 말할 수 없이 많다. 반면, 수

따라야 따른다

많은 경쟁자들과의 승부에서 이기며 그 자리에 올라선 리더들에게
속내를 이야기할 만한 '동료'들은 그다지 많지 않다. 물론 그 자리
에 올라서기까지 단련된 이들이기에 리더들은 다른 이들보다 그
스스로 에너지를 다시 채워나가는 일에 상당히 능숙한 편이지만,
이럴 때 그들이 보다 쉽게 다시 에너지를 충전할 수 있도록 도와주
는 것이 탁월한 팔로워들의 능력이다. 내용은 거창해 보이지만 방
법은 간단하다.

　미국계 증권회사의 한국지점에 입사해서 현재 국내 모 증권사에
근무하는 L상무는 신입사원 시절 아침에 출근하면 작은 메모용지
를 앞 호주머니에 넣고 다녔다고 한다. 그는 메모지에 그날 새벽에
들어온 세계 각국 주식시장에 대한 정보 및 스포츠신문에서 읽은
유머나 만평 등 소소한 흥미거리나 토픽들을 빼곡히 적어 놓았다.
그 메모지를 꺼내 볼 기회가 없을 때도 많았지만 가끔씩 부서장이
나 다른 부서의 임원들과 엘리베이터에 탈 기회가 있으면 그 메모
지의 가치가 빛을 발했다.

　"상무님, 오늘 아침에 보니까 북해산 원유 가격이 배럴당 50센트
이상 올랐던 데요? 연 2주째 오르고 있네요?"

　"아, 그래? 어제까지만 해도 곧 상승세가 꺾일 거라고 생각했는
데."

　"이런 추세대로라면 저희 팀에서 진행하고 있는 인도네시아 해
저유전 개발회사 주식 매입건에 대해서도 진지하게 재검토를 해봐

야겠습니다."

때로는 이렇게 농담하기도 했다.

"부장님, 제가 오늘 출근하면서 라디오에서 들은 건데요, 한 마을에 주변 사람 모두를 사랑하며 살아가는 90대 할아버지가 있었답니다. 그래서 어느 날 방송국에서 찾아와서 그 할아버지께 '아니, 어떻게 주변 사람 모두를 사랑하십니까? 이제까지 밉거나 싫은 친구들은 없으셨어요?' 라고 물었답니다. 근데 그 할아버지가 뭐라 그러신지 아십니까?"

"뭐라고 했는데?"

"할아버지가 '아이고, 싫은 놈 많았지유. 근디 다 죽었시유' 라고."

"하하하!"

아침에 출근해서 20여 분 정도의 웹 서핑을 통해 끌어 모은 정보였지만, 0.7평이라는 공간 안에서 침묵 속에 빠져 온갖 상념을 하고 있는 리더들에게는 이런 식으로 가볍게 나누는 대화가 산뜻하게 다가왔고, 방전된 에너지가 충전되는 듯한 느낌을 받아 그를 아끼고 감사하는 마음을 갖게 되었다고 한다. 당연히 진급 등의 중요한 시기나 어떤 중요한 업무를 맡길 후보자를 선택해야 할 때 그가 가장 먼저 리더들의 머릿속에 떠오른 것은 당연했다.

이와 마찬가지 이유로, 리더가 소집하기 전에 먼저 자발적으로 다가가 '술 한잔만 사주세요', '차 한잔 드시죠' 라며 함께 대화할 수 있는 자리를 만드는 팔로워의 행동은 리더의 에너지를 충전해

258

줌은 물론 리더와 조직 구성원 간의 소통과 상호 이해를 활성화 시켜 조직 전체의 분위기를 밝게 하는 효과가 있다.

두 번째, 보완을 살펴보자.

어떠한 조직에서건 리더는 수직적, 거시적, 대외적 정보의 확보와 분석에는 능하지만 의외로 자신을 포함한 수평적, 미시적, 대내적 정보에는 어두운 편이다. 게다가 리더들 중 대다수는 자기 자신만의 사고와 분석의 프레임Frame이 다른 일반인보다 확고해서 잘 깨지지 않기 때문에 그 프레임 속에서 작동하는 스키마Schema[17]가 단순한 편이다. 일반적인 경우에는 다른 이들보다 의사결정이 간결하고 신속하며 정해진 일에 대해 추진하는 추진력 등이 탁월하다는 장점이 있지만, 반면 그러한 프레임의 바깥에서 벌어지는 의외의 사건이나 사고에 대해서는 보통 사람들보다 훨씬 더 어쩔 줄 몰라하거나 생각지도 못했던 엉뚱한 답을 내놓고 몰락해 버리는 경우가 많다. 그럴 때 필요한 것이 팔로워의 '보완' 역할이다. 종종 유력 정치인이나 재벌 총수들이 쉽게 문제를 해결할 거라는 일반인들의 예상과는 달리 엉뚱한 실수를 하며 몰락하는 경우가 여기에 해당한다. 얼핏 보면 리더들은 모든 것을 다 알고, 모든 것을 다 잘하며, 모든 것을 다 갖고 있는 것처럼 보인다. 하지만 어떻게 보

---

[17] Schema. 심리학 용어로 과거의 경험, 지식 등에 의해 생겨난 생물체의 지식 또는 반응 체계

면, 그들이 모르는 것이 더 많고, 못하는 것이 더 많으며, 없는 것이 더 많다.

인접 부서의 정보나 말단 구성원들이 회사의 미래와 전략 방향에 대해 생각하는 것들, 최근 2,30대의 트렌드 등에 대한 정보는 리더들이 알기를 원하면서도 그 자신만의 힘으로는 쉽게 얻기 힘든 정보이다. 타 부서 말단 직원들이나 젊은 여직원들과의 편안한 술자리를 하거나, 여러 부서 직원들이 참여하는 동호회에 초대받거나, 사내외의 구성원들과 SNS를 주고받는 것은 리더들이 하고 싶으면서도 혼자서는 쉽게 하기 힘든 일이다.

그럴 때 이를 제공해 주는 팔로워의 역할은 리더들의 부족한 부분을 채워준다. 뿐만 아니라, 리더는 그런 그들을 단순한 부하 직원이 아닌 함께 갈 동반자, 나를 지탱시켜 주는 지지자, 부족한 부분을 채워주는 오랜 친구처럼 느끼게 된다.

자, 주위를 둘러보자.

지금 이 순간에도 리더들은 팔로워들의 도움을 절실하게 기다리고 있다.

마지막으로 대체를 보자.

사실, 이 책(그리고 이전에 출간된 다른 팔로워십 관련 책)을 쓰기 위해 가장 먼저 했던 일은 우리 주변에 있는 탁월한 팔로워들을 만나서 그들과 인터뷰하는 일이었다. 조금 성급한 이야기인지 모르겠지만, 그들에게는 크게 2가지 공통점이 있었다.

따라야 따른다

하나는 '탁월한 팔로워' 라고 생각되던 그들이 몇 해가 지난 지금은 모두 '탁월한 리더' 가 되었다는 것이다. 그리고 다른 하나는 그들 '탁월한 팔로워' 들 모두 과거에는 자신의 직책이나 직급이 아닌 상위 직급 또는 리더가 해야 할 일들을 성공적으로 수행한 경험이 있다는 것이다. 인터뷰를 통해 만난 탁월한 팔로워들은 대부분 리더의 부탁으로 리더가 해야 할 일을 맡게 된 경험들이 있었다고 했다. 그것이 단순한 회의 대리 참석이나 출장을 대신 가는 것 정도일 때도 있었지만, 리더가 보고해야 할 자료를 대신 만든다거나, 리더가 만나기 껄끄러워하는 파트너를 대신 만나서 교섭을 해야 하는 경우도 있었고, 리더 대신 중요한 고객을 만나서 그의 컴플레인을 들어주고 해결해야 하는 경우도 있었다고 한다.

다른 사람들 같으면, "송 팀장은 자기가 해야할 일을 귀찮으니까 나한테 다 시키고 있어!" "아이 참, 이런 건 이사님이 알아서 하셔야 하는 일 아니야?"하며 불평할 일이었지만, 그들은 그런 일들을 흔쾌히 맡았다. 뿐만 아니라, "원래 이 일을 했어야 할 OO님(부장님, 상무님, 소장님, 이사님, 선생님, 사장님, 국장님 등)은 어떻게 처리하셨을까?"를 끊임없이 고민하며 그 일을 보다 원활하게 잘 처리하기 위해 고민하고 또 노력했던 것이다. 그리고 (실수나 실패를 하는 경우도 있었지만) 그들의 일처리는 대부분 훌륭했다.

그러한 과정을 통해 리더들은 심적, 신체적 피로도를 낮출 수 있었고, 다른 분야에 대해서도 고민하면서 조직의 영역 확대를 시도

할 수 있는 시간적 여유를 가질 수 있었다. 그런데 이 '대체'의 혜택은 단순히 리더에게만 돌아가지 않았다. 바로 이 '대체'의 효과에 앞서 인터뷰한 수십 명의 탁월한 팔로워들이 탁월한 리더의 자리에 오를 수 있었던 비결이 있다. 그들은 리더의 역할과 업무를 대체하는 경험을 통해 어찌 되었든 조직에서 선택받은 사람들인 리더들이 보유한 업무 수행 능력을 은연중에 1:1로 학습할 수 있었다. 그리고 리더라는 자리를 사전에 경험해 봄으로써 그 자리에 올랐을 때 범하기 쉬운 여러 가지 실책들을 리더가 아닌 팔로워의 시각으로 미리 발견할 수 있었고, 실제 리더라는 지위를 맡게 되었을 때는 다른 이들보다 훨씬 더 능숙하고 실수 없이 잘 해낼 수 있었던 것이다.

다시 한 번, 따라야 따른다

이상으로 조직과 리더의 발전을 위해 기여하는 탁월한 팔로워가 되기 위한 요건에 대해 알아보았다.

다시 한 번 말하지만, 따라야 따른다.

누군가가 당신을 진심으로 따르고 그가 가진 역량과 열정을 당신, 또는 당신이 몸담거나 이끌고 있는 조직을 위해 몽땅 쏟아붓길 원한다면, 당신이 먼저 당신이 속한 조직과 당신의 리더를 진심으

로 따르고 기여할 수 있는 부분이 무엇인가 늘 고민하고 실행해야
한다. 당신도 마찬가지겠지만, 앞으로 들어올 당신의 부하나 후배
들은 더더욱 멋진 선배나 강한 조직이 아니면 단 한순간도 따르려
하지 않을 것이다 그런 그들에게 어설픈 리더십을 발휘하려고 고
민하기보다는, 그들이 보고 배우고 따라서 실천할 만한 팔로워
십을 당신부터 먼저 제대로 발휘하는 것이 훨씬 더 쉽게 당신이 원
하는 바를 얻을 수 있는 지름길이 될 것이다.

따르라.

그래서 당신의 리더를, 당신이 속한 조직을 따를 만한 멋진 리
더, 정말 멋진 조직으로 만들어라. 그러면 당신의 부하나 후배가
먼저 당신을 찾아와 당신을 멋진 리더로 만들기 위해 자발적인 기
여를 할 것이다.

누군가를 제대로 따르면, 누군가가 당신을 제대로 따를 것이다.

그리고 그때 당신은 위대한 리더가 될 것이고, 당신의 조직 역시
탁월한 조직으로 변해 있을 것이다.

EPILOGUE

권력을 나누지 말고,
꿈을 나눠라

|

FOLLOWERSHIP

세계 3대 프로축구 리그 중 하나인 스페인 프로축구 리그Primera Liga에는 유명한 라이벌 팀이 있다. 이들 간의 경기는 '엘 클라시코 El Clásico'라고 불리며 양 팀 응원단은 물론, 전 세계 축구팬들의 관심을 모으곤 한다. 다 알다시피 레알 마드리드Real Madrid Club de Fútbol 와 FC 바르셀로나Fútbol Club Barcelona가 바로 그 주인공들이다. 그리고 현재의 명성은 이들만 못하지만 전통의 명문 구단인 아틀레틱 빌바오Athletic Club도 있다. 이들 세 팀은 1928년 스페인 프로축구 리그가 시작된 이래 한 번도 2부 리그Segunda Division A로 강등된 적이 없는 단 3개의 팀이다.

FC 바르셀로나는 2008-09년 시즌부터 시작해서 2009년 말까지 스페인 리그, 코파 델 레이, UEFA 챔피언스 리그를 포함해 수페르

코파 데 에스파냐, UEFA 슈퍼컵, FIFA 클럽 월드컵 등 스페인의 프로축구 클럽이 나갈 수 있는 모든 대회에서 우승하며, 사상 최초로 클럽 대항 대회 6관왕이라는 전무후무한 기록을 세운 팀이다. 레알 마드리드도 만만치 않다. 사실, 한때 '갈라티코Galactico(한국어로 우주 또는 은하)' 또는 '지구 수비대'라고 불리던 최상의 선수진을 보유했을 때만 하더라도 '과연 지구상에 이 팀을 이길 수 있는 축구팀이 있기는 한 걸까?' 하는 생각을 했었다. 덕분에 FIFA에 의해 '20세기 최고의 축구팀'으로 공식 선정된 팀이다. 아틀레틱 빌바오 또한 스페인 프로축구 리그 사상 최초로 '무패 우승'이라는 전설적인 업적을 남겼으며, 그 대단한 FC 바르셀로나를 상대로 12대 1이라는 리그 사상 최다 점수차 승리의 기록도 갖고 있는 대단한 팀이다.

그러면, 이들 세 팀은 어떻게 그렇게 오래도록 강팀으로 남을 수 있었을까?

많은 이들이 다양한 분석 결과를 내놓지만 나는 '세 팀 모두 팔로워십이 가장 살아있는 팀이어서 그렇다'라고 생각한다.

FC 바르셀로나는 많은 이들이 알고 있는 것처럼 '바르샤'라는 애칭으로 불리는 팀이다. 단순히 애칭으로 불리는 것만 아니라(애칭이 있는 팀은 전 세계에 널려 있다) 일반적인 인기 축구 구단과는 조금 다른 열광적인 지지를 바르셀로나 시민들로부터 받고 있다. 단순히 '우리가 응원하는 팀'으로써 좋아하는 것이 아니라, '우리 팀'이라서 좋아하는 것이다. 어떻게 그럴 수 있었을까? FC 바르셀로

나는 예상과 달리 바르셀로나가 위치한 까딸루냐Catalunya지방 토박이가 아닌 영국인 이민자가 설립한 축구클럽이다. 하지만 지금의 FC 바르셀로나는 15만 명에 달하는 시민 주주Socio(쏘시오)들에 의해 운영되고 지탱되는 축구클럽이다. 시민 주주들은 실제 FC 바르셀로나 주식의 100%에 가까운 1억 5천만 유로 상당의 주식을 보유하고 구단 운영에 실질적인 입김을 가하는 경영자인 동시에 다른 축구클럽의 팬에게서 볼 수 없는 동질감과 일체감을 가지고 FC 바르셀로나를 열렬하게 응원하고 지지하는 팬이다. 그들의 지원과 지지 덕분에 FC 바르셀로나는 유럽 프로축구 구단 중 유일하게 수백억 원 이상의 금전적 이득이 예상되는 유니폼 광고를 포기하고 오히려 수입의 일부분을 기부하면서까지 구단 유니폼에 '유엔아동기금UNICEF(유니세프)' 로고를 새기고 뛰는 '착한 축구 구단' 으로 지속적인 성장을 할 수 있었다.

레알 마드리드 역시 구성원들의 팔로워십이 가장 살아 있는 팀이긴 하지만, FC 바르셀로나와는 조금 다른 형태의 팔로워십으로 운영된다. 레알 마드리드의 주요 주주들 중 한 부류는 시민이 아니라 바로 선수 자신이다. 레알 마드리드는 일반적인 기업에서 기업 구성원들에게 '우리사주' 라는 이름으로 주식을 배분하듯 축구클럽의 주식을 선수들에게도 배분하여 그들이 주주로서 팀을 위해 뛸 수 있도록 하였다. 내가 잘하면 당연히 내 몸값이 오르겠지만, 조금 돋보이지 않는 역할을 하더라도 그로 인해 자신이 속한 팀의

266

가치가 오르고 주주로서 자신의 재산도 늘어난다는 생각에 자칫 뿔뿔이 흩어지기 쉬운 최고의 스타플레이어들이 기꺼이 다른 선수에게 패스를 하고 동료를 위해 기회를 양보하고 팀을 위해서라면 궂은 임무도 마다하지 않는 모습들을 보이고 있다.

　아틀레틱 빌바오 역시 팔로워십이 살아 숨쉬는 팀이지만, 위의 두 팀과는 조금 다른 분위기이다. 구단이 연고로 하고 있는 지역은 지금도 젊은이들이 시위를 벌이고 무장 독립단체가 폭탄 테러를 시도하면서 끊임없이 스페인으로부터 분리 독립하려 하고 있는 바스크Basque 지방의 빌바오이다. 그렇다 보니 아틀레틱 구단은 전통적으로 오직 바스크 출신 선수만으로 팀을 꾸려왔다. 그 이유는 여러 가지가 있지만 바스크 지방을 대표하는 팀이라는 상징성을 지켜가고자 하는 의도와 더불어 상대적으로 불리한 환경에서 운동을 계속해온 바스크 출신 선수들을 육성하고 프로선수로 뛸 수 있도록 지원하고자 하는 목적이 가장 컸다고 한다. 그렇다 보니 선수들이나 응원하는 팬들의 아틀레틱에 대한 일체감과 애정은 다른 어느 구단과 비교할 수 없을 정도이다. 홈 경기가 열리는 날이면 할아버지와 아버지, 그리고 손자가 함께 같은 유니폼을 입고 응원하러 오는 모습을 흔하게 볼 수 있다. 크리스티아누 호날두Cristiano Ronaldo dos Santos Aveiro가 깨기 전까지 한 시즌 최다 득점 기록을 갖고 있었고, 아직까지 깨지지 않는 프로통산 최다 골(252골) 기록과 6번의 리그 득점왕을 차지한 스페인 프로축구 리그의 전설 텔모 사라

Telmo Zarraonandia Montoya 같은 선수는 엄청난 돈과 화려한 명예를 약속하며 팀을 옮기라는 유혹을 받았음에도 불구하고 15년 동안 아틀레틱에서 뛰며 2번의 리그 우승과 5번의 코파 델 레이 우승이라는 신화를 이뤄냈다.

하지만 불행하게도 지금 이 나라 이 시대의 수많은 경영자와 리더들은 '일 잘하고 성과 잘 내는 최고의 조직'을 꿈꾸며 무리뉴José Mário dos Santos Félix Mourinho나 퍼거슨Sir Alexander Chapman Ferguson, CBE 감독처럼 팀을 잘 리드할 수 있는 명장이나, 호날두나 메시Lionel Andrés Messi 처럼 경기를 멋지게 리드할 수 있는 스타플레이어를 영입하기 위해 혈안이 돼 있을 뿐, 조직을 이루는 나머지 대부분의 구성원들이 팀이나 회사를 내 팀이나 내 회사라고 여기고 능동적인 팔로워십을 발휘하도록 만드는 일에는 별다른 신경을 쏟지 않고 있는 것이 현실이다.

리더를 교체하거나 스타플레이어를 영입하면 우승권에 근접한 팀을 만들거나 단기실적이 좋은 회사, 단기적으로 성과를 내는 조직을 만들 수 있을지도 모른다. 그러나 위에 예로 든 세 팀처럼 구성원들의 자발적인 기여를 통해 진정한 실력을 갖춘 팀, 장기적으로 동일한 목표를 향해 꾸준히 성과를 내는 조직은 절대로 만들 수 없을 것이다.

팔로워십에 대해 조금이라도 관심이 있는 리더들조차도 정작 구성원들의 자발적 팔로워십을 육성하는 최고의 방법이 무엇인지 물

따라야 따른다

어보면 '자신에게 있는 권한과 권력을 나눠주는' 임파워먼트 Empowerment라고 답하는 이가 대부분이다.

하지만 최고의 팔로워십은 '힘을 나눠주는 것이 아니라 꿈을 나눠주는 순간에 생겨난다.

힘을 나눠주면 팔로워들은 그 순간부터 그 힘을 어디에 어떻게 쏟아야 할지 고민하기 시작하지만, 꿈을 나눠주면 팔로워들은 그 꿈을 이루기 위해 자신이 갖고 있는 모든 것을 쏟아 붓기 시작할 것이기 때문이다.

함께 근무하는 절대 직원이 함께 일하는 직원을 이길 수 없고, 함께 일하는 직원이 절대 함께 꿈꾸는 직원을 이길 수 없다.

이 책의 마지막 장을 덮으며 다시 한 번 사람, 그리고 조직에 대한 고민에 빠져 있을 리더들에게 간곡히 제안한다. 부하 직원들과 함께 나눌 권력이나 지위에 대해 고민하지 말고, 그들과 함께 꿀 꿈의 내용과 타당성, 그리고 전달방법에 대해 끊임없이 고민해 보자.

그리고 이 시간에도 리더의 자리를 꿈꾸며 자신의 일과 역할, 불확실한 미래에 대해 고민하고 있는 수많은 팔로워에게도 제안한다. 오늘 손에 쥘 사소한 권력과 금전적 보상의 단맛에 빠지기보다는 자신의 인생을 질적으로 더 발전시킬 수 있는 비전을 향해, 자신과 함께 일하는 리더를 더욱 성장시키고 발전시킬 방법을 찾기 위해 진심으로 노력해 보자.

세상의 이치는 생각보다 지극히 단순하다.

내가 진심으로 누군가를 따라야, 다른 누군가도 진심으로 나를 따른다.

따라야

따른다.

- 마르퀴 드 콩도르세 (2002) 《인간 정신의 진보에 관한 역사적 개요》 책세상
- 서동진 (2009) 《자유의 의지 자기계발의 의지》 돌베게
- 박래식 (2006) 《이야기 독일사—이야기 역사 시리즈》 청아출판사
- Randy Moore 外 (2009) 《Chronology of the evolution—creationism controversy》 Greenwood
- 제레드 다이아몬드 (2010) 《세계의 역사를 뒤바꾼 1000가지 사건》 지식갤러리
- 토마스 L. 프리드먼 (2006) 《세계는 평평하다》 창해
- 토마스 L. 프리드먼 (2003) 《렉서스와 올리브나무》 창해
- 홍춘욱 (2006) 《주식투자가 부의 지도를 바꾼다》 원앤원북스
- Ronald E. Riggio 外 (2008) 《The art of followership》 JosseyBass
- 정두근 (2009) 《장군의 꿈—상호존중과 배려》 시대고시기획
- Robert Earl Kelley (1992) 《The power of followership—how to create leaders people want to follow, and followers who lead themselves》 Doubleday/Currency
- Tracey Armstrong (2010) 《Followership—The Leadership Principle That No One Is Talking About》 Destiny Image Pub
- Ira Chaleff (2009) 《The Courageous Follower—Standing Up to and for Our Leaders》 Berrett—Koehler Publishers, Inc.
- 배리 포스너 外 (2007) 《최고의 리더》 비즈니스북스

- Sviatoslav Steve Seteroff (2003) 《Beyond Leadership to Followership》 Trafford
- Michelle R. Brask (2007) 《Followership-the other half of leadership》 Bethel University
- Albert J. Colangelo (2000) 《Followership-leadership style》 University of Oklahoma
- 이창준 (2009) 《리더십 패스파인더》 학이시습
- David J. Cooper (2003) 《Leadership for follower commitment》 Butterworth-Heinemann
- Ira Chaleff (1995,2003) 《The courageous follower》 Berrett-Koehler Publishers, Inc.
- W. Brad Johnson, Gregory P. Harper (2005) 《Becoming a leader the Annapolis way》 The McGraw-Hill company
- 이한우 (2007) 《아부의 즐거움》 휴먼앤북스
- Boas Shamir 外 (2007) 《Follower-centered perspectives on leadership》 Information Age Publishing, Inc.
- Nick Obolensky (2010) 《Complex Adaptive Leadership》 Gower Applied Business Research
- Sherrel Bergmann 外 (2007) 《Lead me, I dare you!-managing resistance to school change》 Eye on Education, Inc.
- 요시다 덴세 (2010) 《조직을 성공으로 이끄는 리더십 팔로워십》 멘토르
- 도날드 제롬 필더 (2008) 《제로니모에게 배운다》 한스미디어
- Karel Montor 外 (1998) 《Naval leadership-voices of experience》 Naval Institute Press
- Samuel B. Rowbotham (2007) 《Zetetic Astronomy-Earth Not a Globe》 Forgotten Books
- Eastwood Atwater (1979) 《Psychology of Adjustment-Personal Growth in

따라야 따른다

a Changing World》 Prentice-Hall, Inc.,

- 송영수 (2007) 《리더웨이》 크레듀
- A. G. Jago (1982) 《Leadership-Perspective in Theory and Research》 Management Science
- James MacGregor Burns (2003) 《Transforming Leadership》 Grove/ Atlantic, Inc.,
- 김일석 外 (2010) 《현대 리더십의 이해》 신광문화사
- 함경옥 (1994) 《한국 기자사회의 이해(나남신서 360)》 나남
- 제러미 보엔 (2010) 《6일 전쟁(KODEF 안보총서 28)》 플래닛 미디어
- 백선엽 (2010) 《내가 물러서면 나를 쏴라》 중앙일보
- 서경석 (2003) 《전투감각》 : 샘터사
- Richard L. Hughes 外 (2005) 《Leadership : enhancing the lessons of experience》 McGraw-Hill/Irwin
- 헨리 민츠버그 (2009) 《변하지 않는 리더십의 원리와 기본》 21세기북스
- RenGirard 외 (1987) 《Job, the victim of his people》 Stanford University Press
- 池田昌昭 (2003) 《完全犯罪 JAL 123便 撃墜事件》 文藝社
- 심경호 外 (2010) 《일본을 강하게 만든 문화코드 16》 나무와 숲
- 권오돈 (1996) 《춘추좌씨전》 홍신한문신서
- 레스 기블린 (2010) 《사람의 마음을 움직이는 인간관계의 기술》 미래지식
- 가이도 마모루 (1993) 《일본의 종합상사》 소학사
- 이시하라 신타로 (2004) 《선전포고 No라고 말할 수 있는 일본 경제》 제이앤씨
- 하지현 (2007) 《소통의 기술》 미루나무
- Marcy Driscoll (2007) 《수업설계를 위한 학습심리학》 교육과학사
- Howie Long (2007) 《Football For Dummies》 Wiley Publishing, Inc.

- 김용하 (2010) [특별기고] 〈2010 베이비붐 세대의 이동이 시작된다〉 新東亞
- 이상렬 (2002) 〈호암 100년, 발자취를 따라가다〉 중앙일보
- 닉 바버 (2009) 〈허드슨강 여객기 추락사건 '네티즌 대활약' 外〉 IDG News Service
- 지속가능 경영원 (2010) 〈Bill Ford와의 인터뷰 – Ford의 지속가능 경영〉 대한상공회의소
- 權寧鎭 (2001) 〈海兵隊 中間管理者의 리더십과 팔로워십 및 職務滿足과의 關係에 관한 實證的 硏究〉 水原大學校 經營學科 大學院 碩士學位論文
- 李正根 (1999) 〈팔로워십 類型이 리더십의 效果에 미치는 影響에 관한 硏究〉 高麗大學校 經營學科 大學院 碩士學位論文
- 김창학 (2006) 〈리더십효과의 하향적 확산 과정(The Falling Dominoes Effects)에서 팔로워십의 역할〉 高麗大學校 心理學科 大學院 碩士學位論文
- 김찬수 外 (2006) 〈팔로워십 유형이 리더십 효과에 미치는 영향에 관한 연구–변혁적 리더십과 거래적 리더십을 중심으로〉 한양대학교 출판부 Hanyang Business Review
- 양동훈 外 (2005) 〈팔로워십 특성이 상사부하간 교환관계 및 직무태도에 미치는 영향〉 한국경영학회
- 한상엽 (2005) 〈리더의 성공, 팔로워십에 달려있다〉 정보통신연구진흥원
- 박선주 外 (2000) 〈6 · 25 전사자 유해발굴 약보고서〉 忠北大學校 中原文化

따라야 따른다

研究所

• 장원준 (2008) 〈Weekly BIZ〉 〈유토피아 같은 회사 '고어텍스' CEO 테리 켈리〉 朝鮮日報

따라야 따른다

1판 1쇄 인쇄 ┃ 2011년 7월 20일
1판 1쇄 발행 ┃ 2011년 7월 27일

지은이 신인철
펴낸이 김기옥

프로젝트 디렉터 기획1팀 모민원, 장기영, 권오준, 정경미, 홍보람
커뮤니케이션 플래너 박진모
경영지원 고광현, 이봉주, 김형식, 임민진

디자인 디박스, 네오북
인쇄 서정문화인쇄 **제본** 서정바인텍

펴낸곳 한스미디어(한즈미디어(주))
주소 121-839 서울시 마포구 서교동 392-34 강원빌딩 5층
전화 02-707-0337 ┃ **팩스** 02-707-0198
홈페이지 www.hansmedia.com
출판신고번호 제 313-2003-227호 ┃ **신고일자** 2003년 6월 25일

ISBN 978-89-5975-350-5 13320